연산력 수학

노크

C4

(초1~초2)

두 자리 수 ＋ 한 자리 수

노크의 구성

연산 학습 ▶ 하루에 4쪽씩 한 가지 주제를 학습합니다.

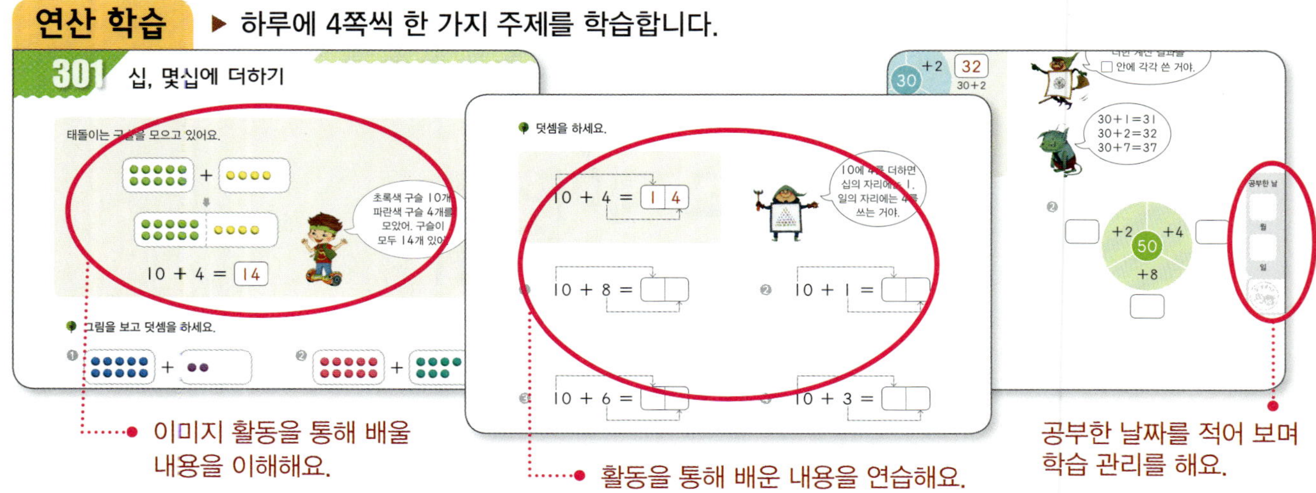

이미지 활동을 통해 배울 내용을 이해해요.

활동을 통해 배운 내용을 연습해요.

공부한 날짜를 적어 보며 학습 관리를 해요.

평가 ▶ 배웠던 주제를 평가해 봅니다.

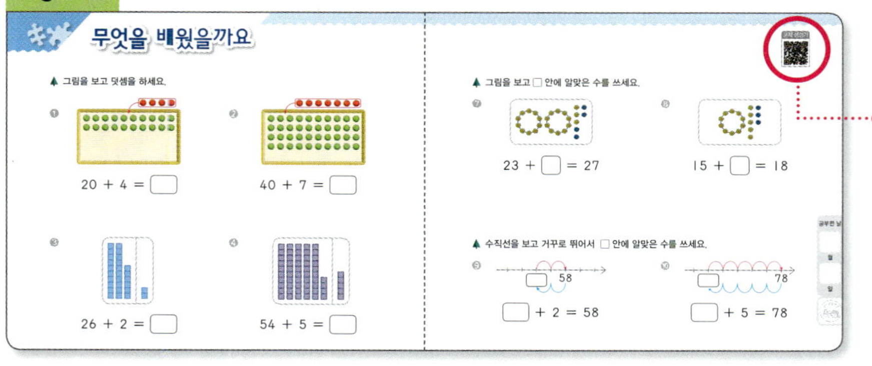

"문제 생성기" QR코드를 이용하면 여러 문제를 더 풀어 볼 수 있어요.

연산 보충 학습 ▶ 연산 학습의 부족한 부분을 연습합니다.

받아올림이 없는 (두 자리 수)+(한 자리 수)   관련 쪽수: 6~31쪽

덧셈을 하세요.

❶ 23 + 4 =	❷ 41 + 4 =
❸ 72 + 5 =	❹ 63 + 3 =
❺ 97 + 2 =	❻ 85 + 4 =

거꾸로 뛰어 세어 □ 안에 알맞은 수를 쓰세요.

□ + 3 = 57	□ + 1 = 71
□ + 6 = 68	□ + 4 = 16
□ + 2 = 33	□ + 5 = 48
54 + □ = 55	82 + □ = 85

각 주제별로 학습했던 연산 학습 중 연습이 더 필요한 부분을 본책 맨 뒤에서 제공합니다.
해당 연산 학습을 끝낸 후에 사용하세요.

연산력 수학 노크만의 스마트 학습

문제 생성기

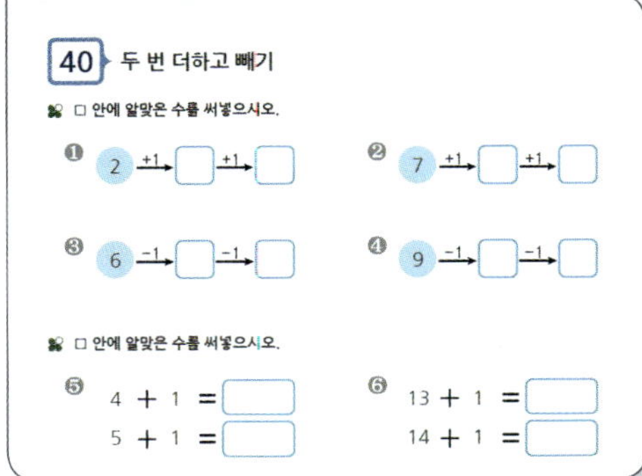

"무엇을 배웠을까요"를 풀고 난 후 QR코드를 찍어 보세요.
새로운 문제들이 계속 생성됩니다.
출력하여 사용하세요.

연산력 게임

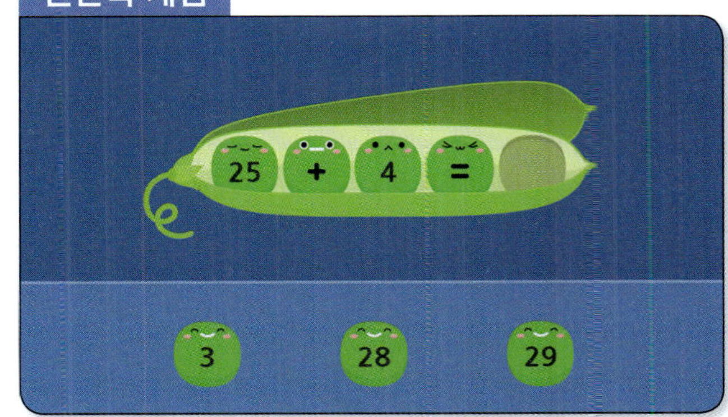

"연산력 게임" 코너에 있는 QR코드를 찍어 보세요.
연산 학습과 연계된 재미있는 연산력 게임을 할 수 있습니다.

애니메이션

연산력 수학 노크에 나오는 친구들을 소개해요!!

모험가 친구들

태돌	현우	큐리	티나
추진력 리더	끈기 대장	호기심 해결사	치밀한 전략가

마법사 멀린과 수학 요정

마법사 멀린

꼬마 요괴

딴소리	한입	장난	딴짓	멍하니	잠만자	울보	거꾸로

차례

받아올림이 없는 (두 자리 수) + (한 자리 수)

▶ 연산 보충 학습(102~103쪽)에서 더 풀어 보세요.

학부모 지도 가이드

'11+5'와 같이 받아올림이 없는 (두 자리 수)+(한 자리 수)를 공부합니다. 아이들이 그림의 수를 세어 덧셈을 하거나 덧셈식을 그림으로 나타내어 덧셈을 이해하게 합니다.

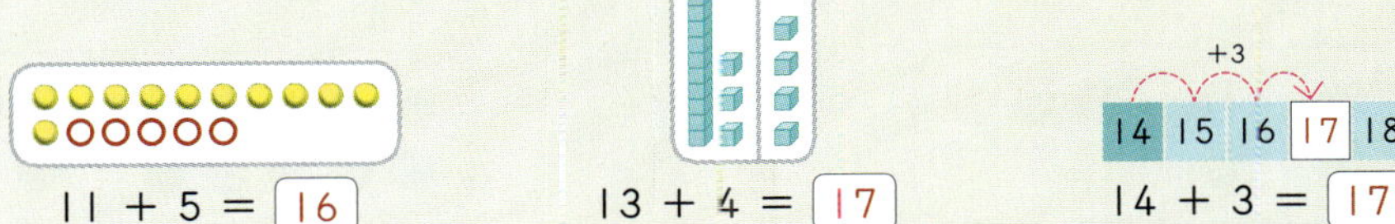

두 자리 수의 범위에서 받아올림이 없는 덧셈의 계산 원리를 이해하여 문제를 해결할 수 있으며 덧셈 계산을 능숙하게 할 수 있도록 지도합니다.

태돌이는 구슬을 모으고 있어요.

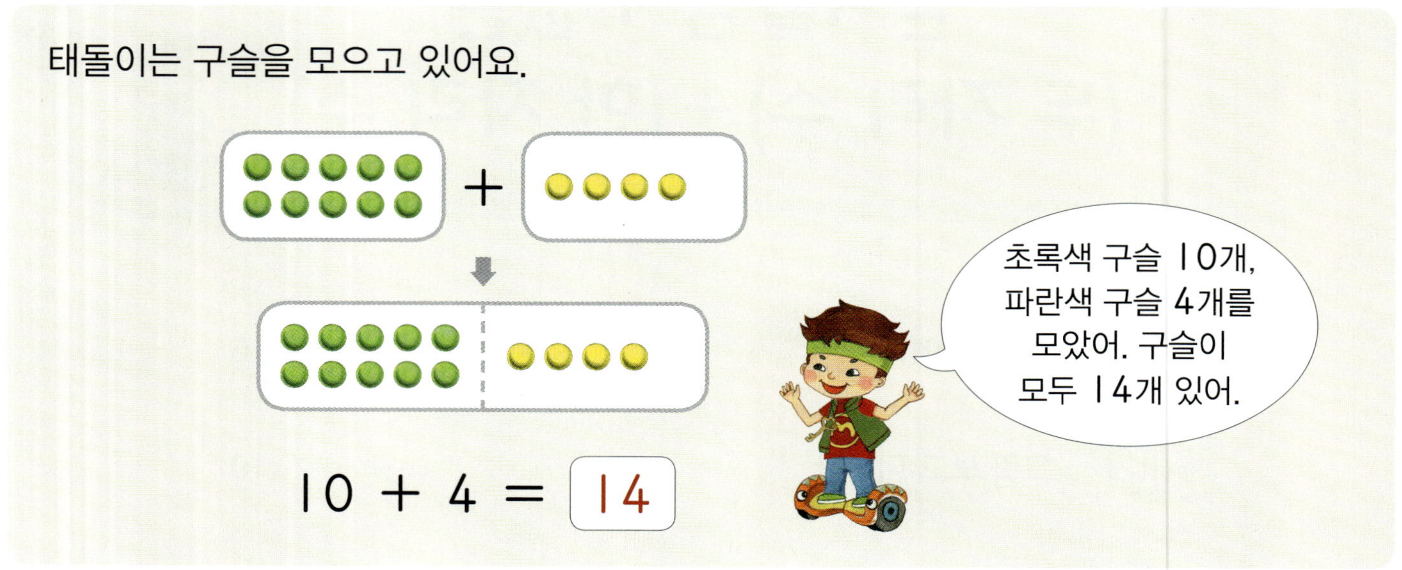

🌱 그림을 보고 덧셈을 하세요.

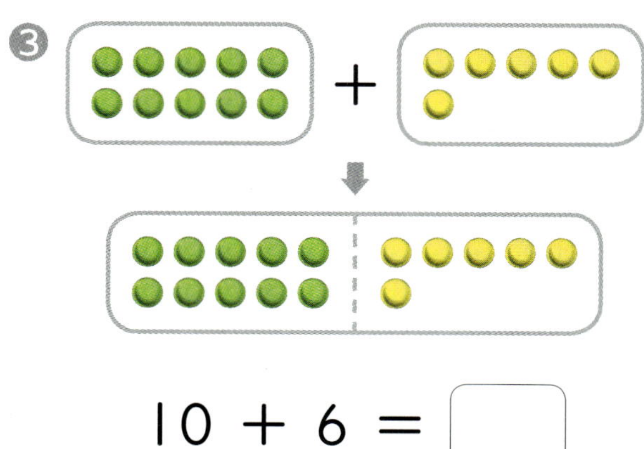

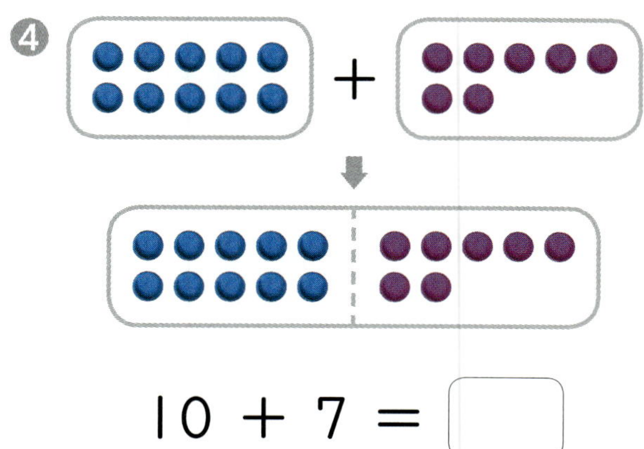

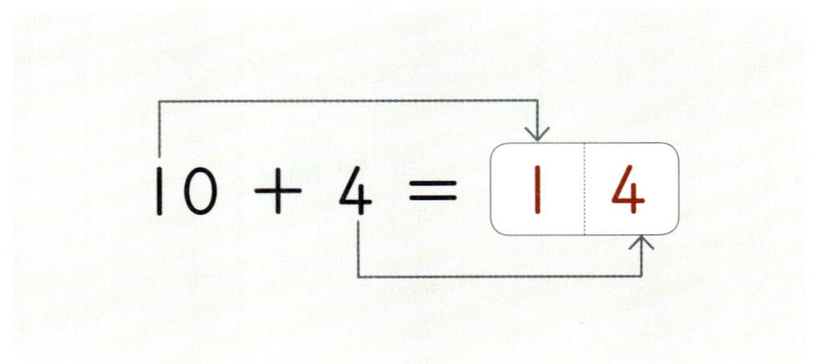

$$10 + 4 = \boxed{1 \mid 4}$$

❶ $10 + 8 = \boxed{}$

❷ $10 + 1 = \boxed{}$

❸ $10 + 6 = \boxed{}$

❹ $10 + 3 = \boxed{}$

❺ $10 + 5 = \boxed{}$

❻ $10 + 9 = \boxed{}$

❼ $10 + 7 = \boxed{}$

❽ $10 + 2 = \boxed{}$

큐리는 현우가 가지고 있던 상자 안에 구슬 5개를 더 넣었어요.

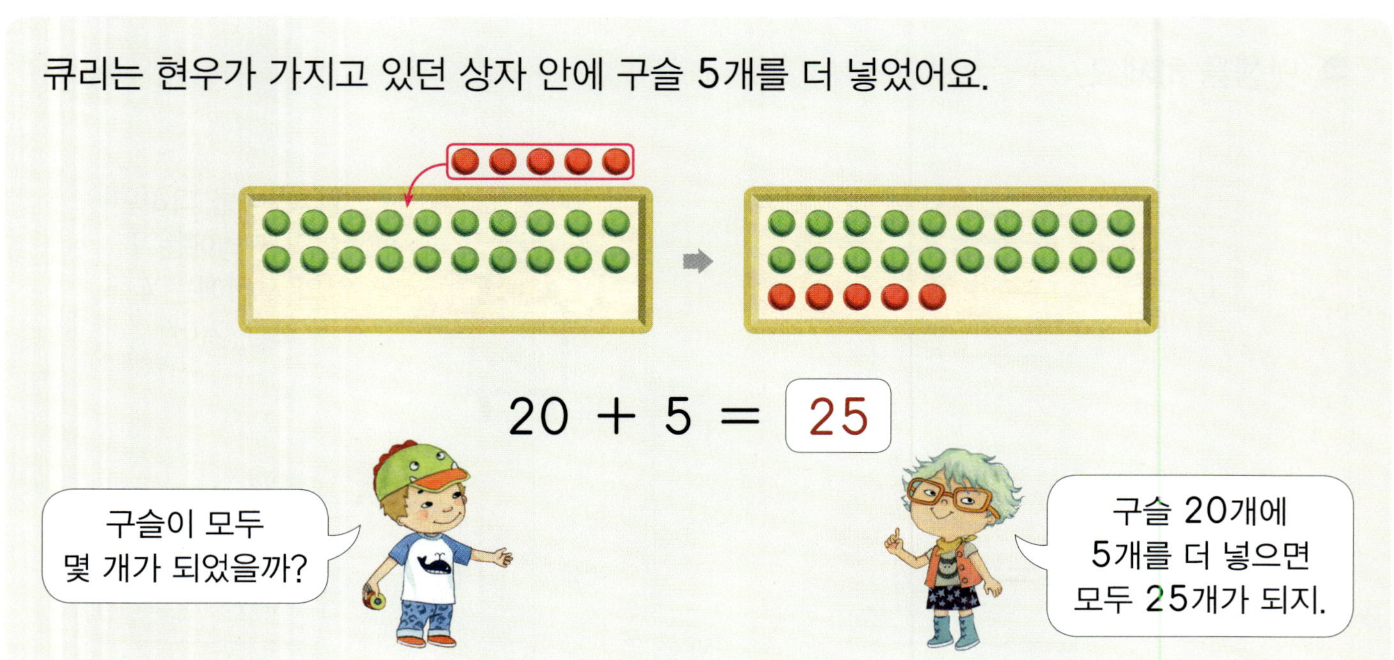

🌳 그림을 보고 덧셈을 하세요.

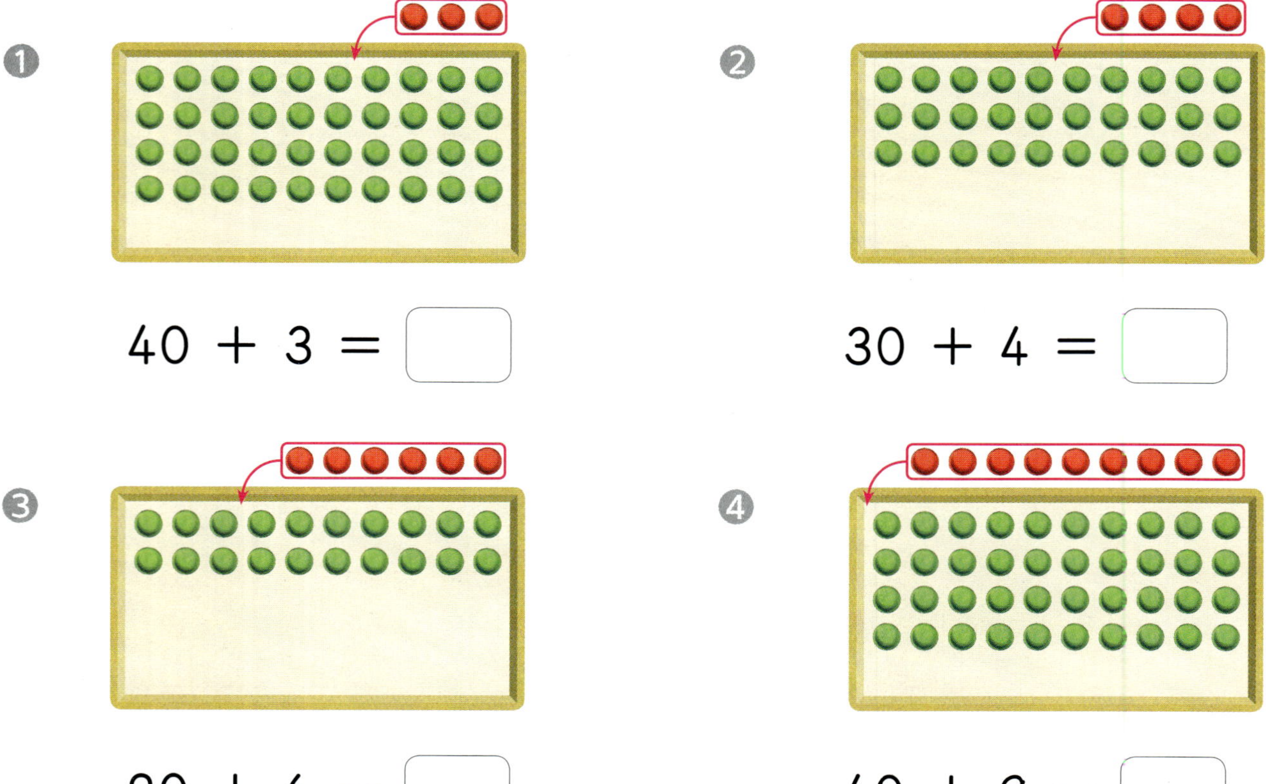

🌳 ☐ 안에 알맞은 수를 쓰세요.

31
30+1
+1
30
+2
32
30+2
+7
37
30+7

30에 1, 2, 7을 더한 계산 결과를 ☐ 안에 각각 쓴 거야.
30+1=31
30+2=32
30+7=37

❶

20+8
+8
20
+5
20+5
+4
20+4

❷

+2
50
+4
+8

공부한 날
월
일

❸

+3
70
+5
+7

❹

+9
60
+7
+1

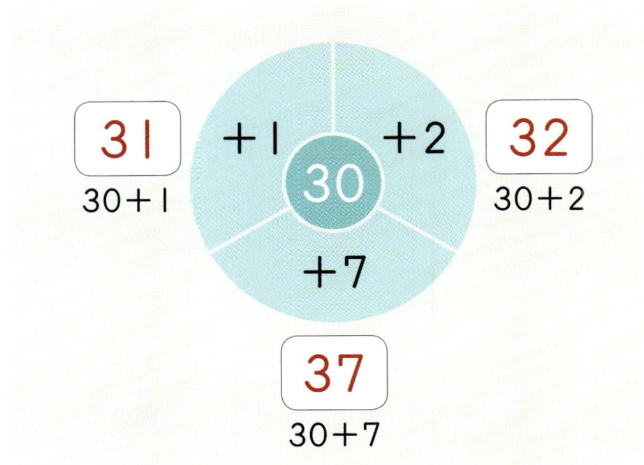

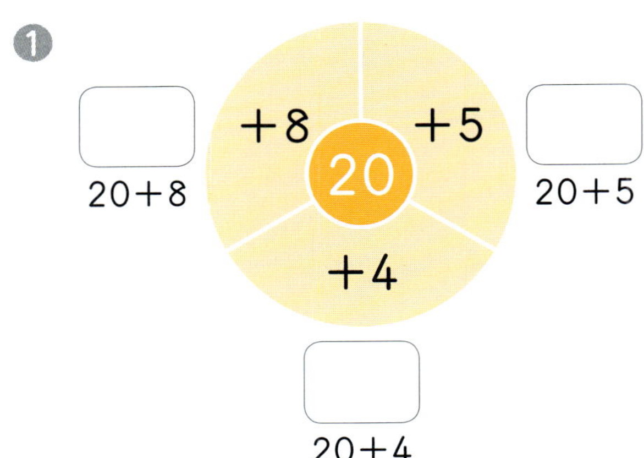

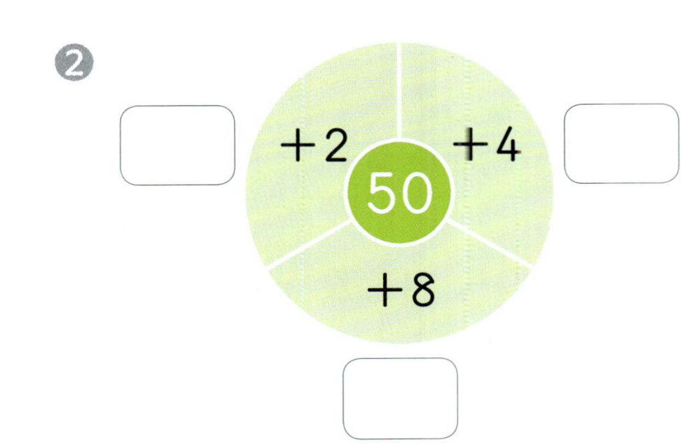

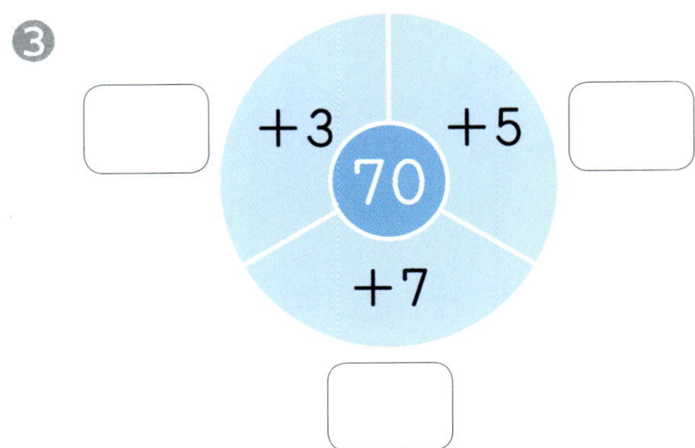

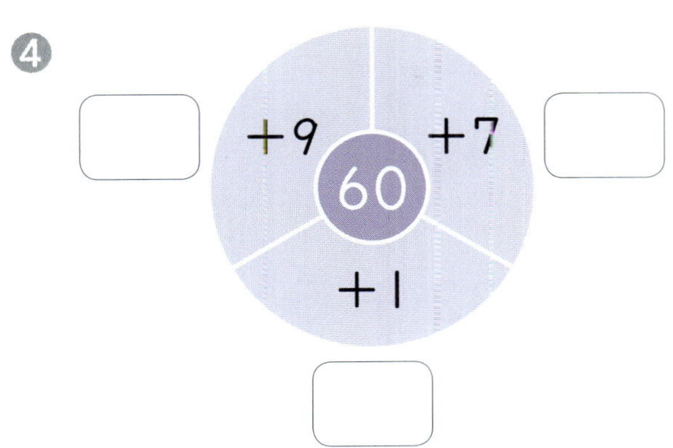

그림 보고 더하기

현우가 사탕의 개수를 세고 있어요.

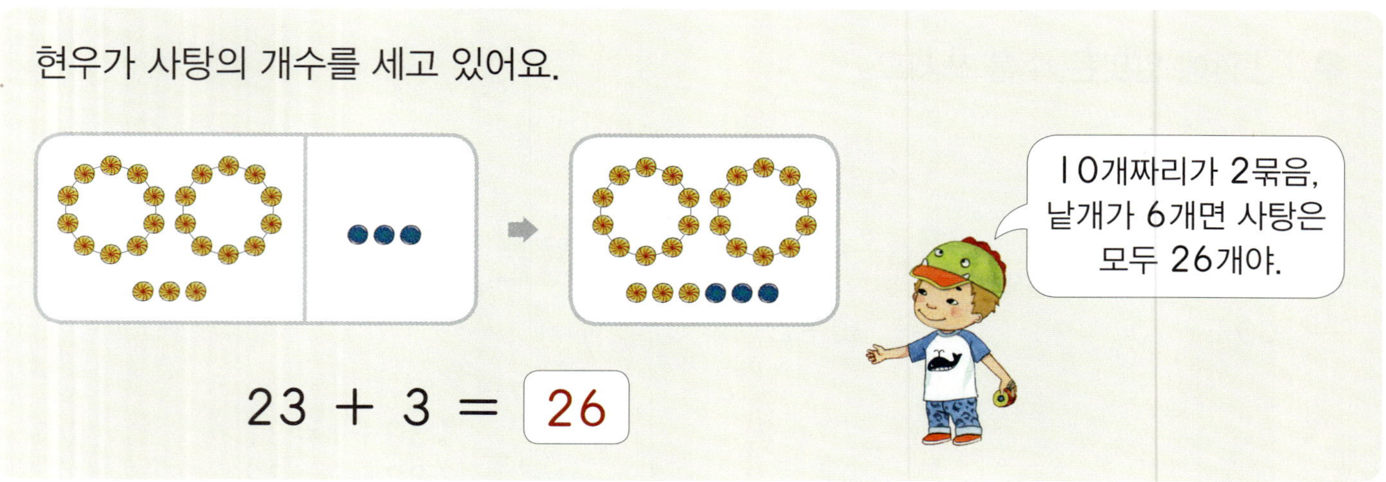

🌳 사탕의 개수는 모두 몇 개인지 ☐ 안에 알맞은 수를 쓰세요.

❶ 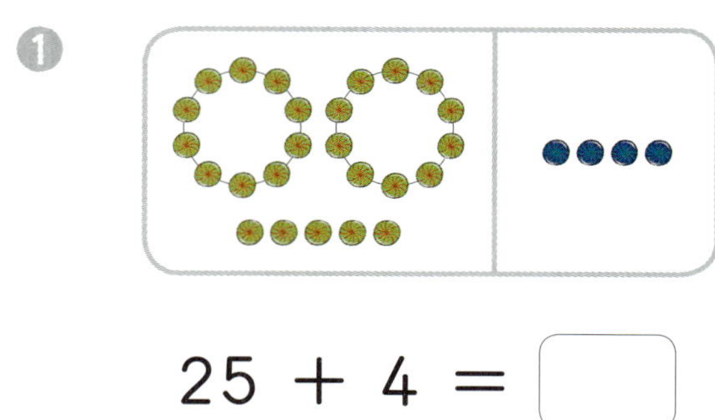

25 + 4 = ☐

❷

18 + 1 = ☐

❸ 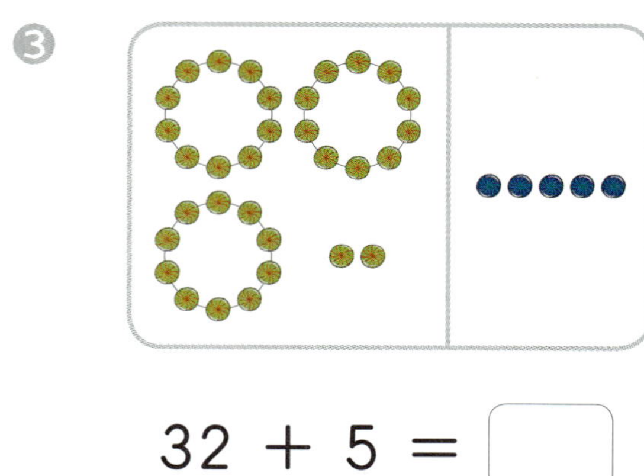

32 + 5 = ☐

❹ 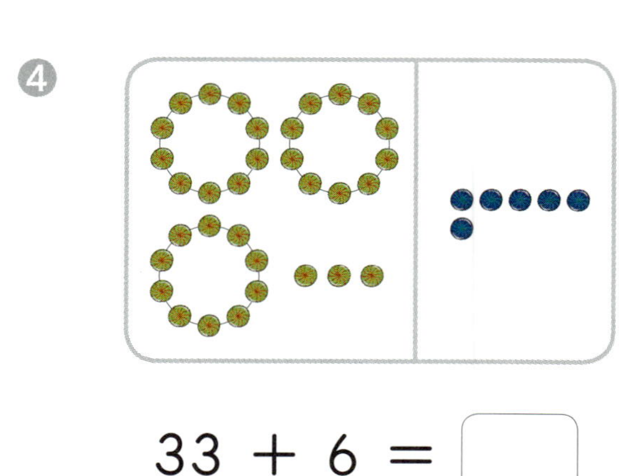

33 + 6 = ☐

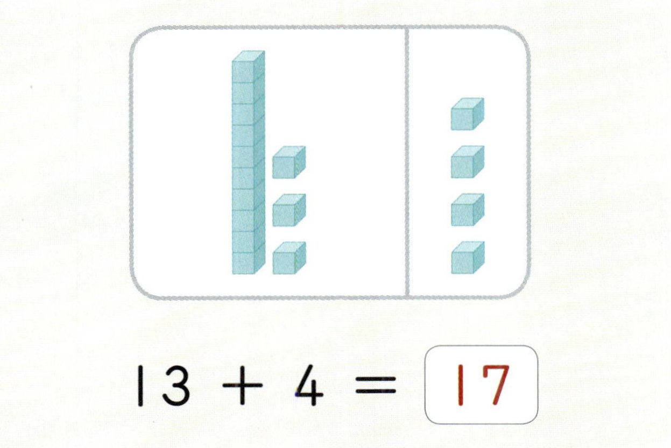

❶ 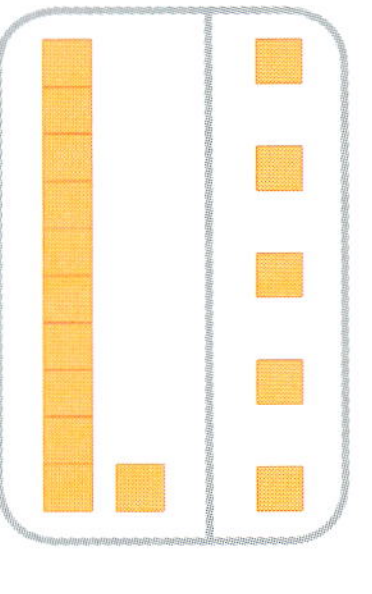

$$11 + 5 = \boxed{}$$

❷ 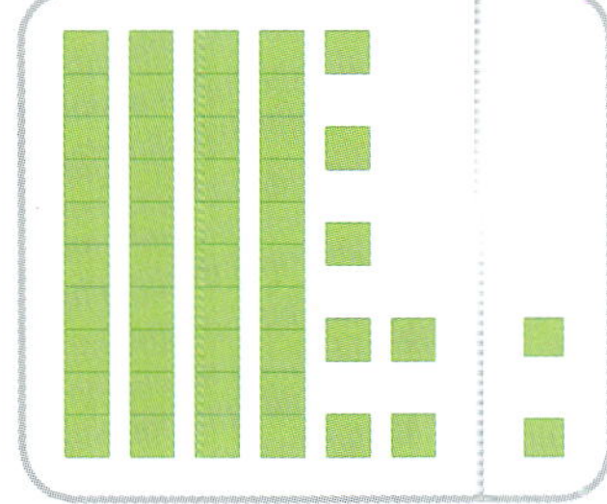

$$47 + 2 = \boxed{}$$

❸ 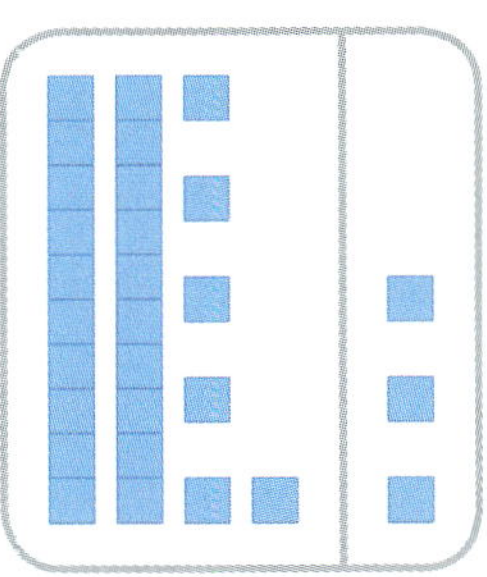

$$26 + 3 = \boxed{}$$

❹ 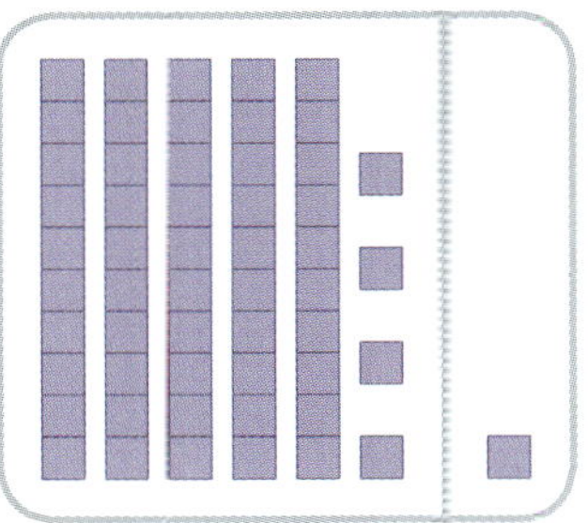

$$54 + 1 = \boxed{}$$

병아리만 있는 닭장에 닭 2마리가 들어가려고 해요.

$$12 + 2 = \boxed{14}$$

🌳 병아리와 닭은 모두 몇 마리인지 ☐ 안에 알맞은 수를 쓰세요.

①

$$17 + 1 = \boxed{}$$

②

$$21 + 4 = \boxed{}$$

③

$$14 + 3 = \boxed{}$$

④

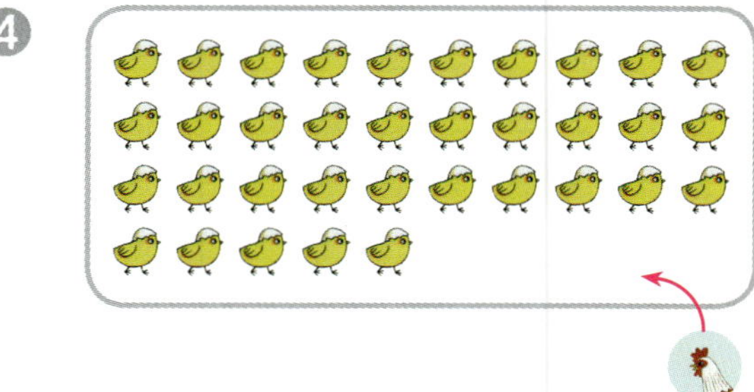

$$35 + 1 = \boxed{}$$

$$11 + 5 = \boxed{16}$$

① 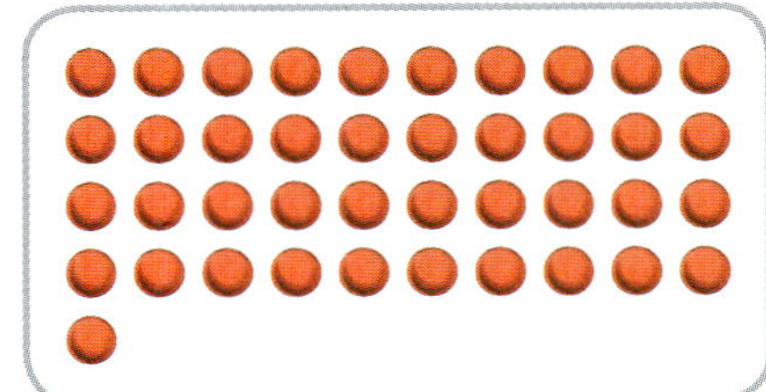

$$41 + 1 = \boxed{}$$

② 

$$33 + 4 = \boxed{}$$

③ 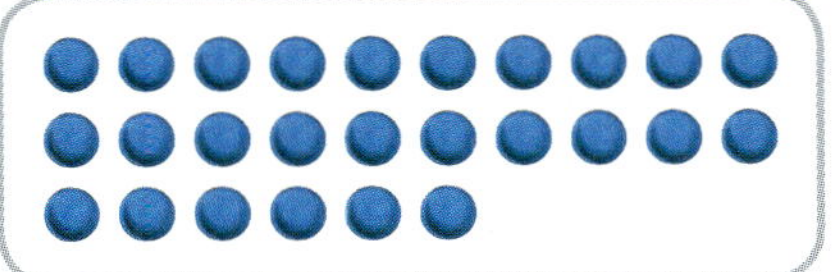

$$26 + 3 = \boxed{}$$

④ 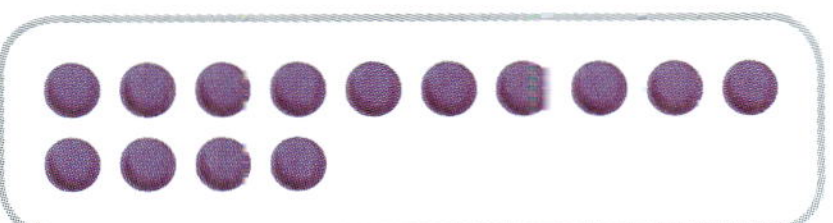

$$14 + 5 = \boxed{}$$

⑤ 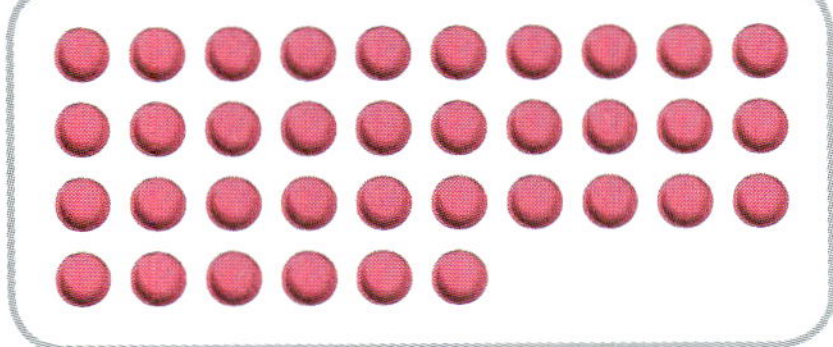

$$36 + 3 = \boxed{}$$

⑥ 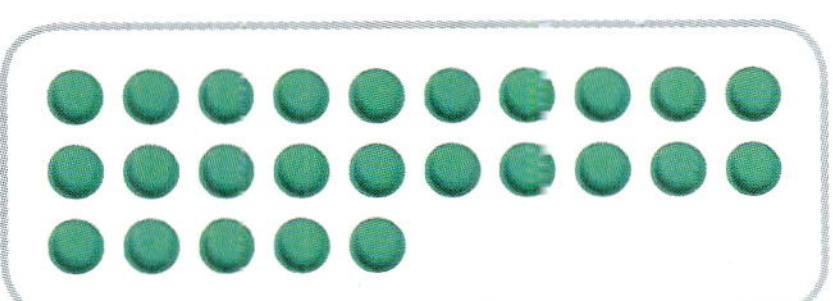

$$25 + 2 = \boxed{}$$

뛰어 세어 더하기

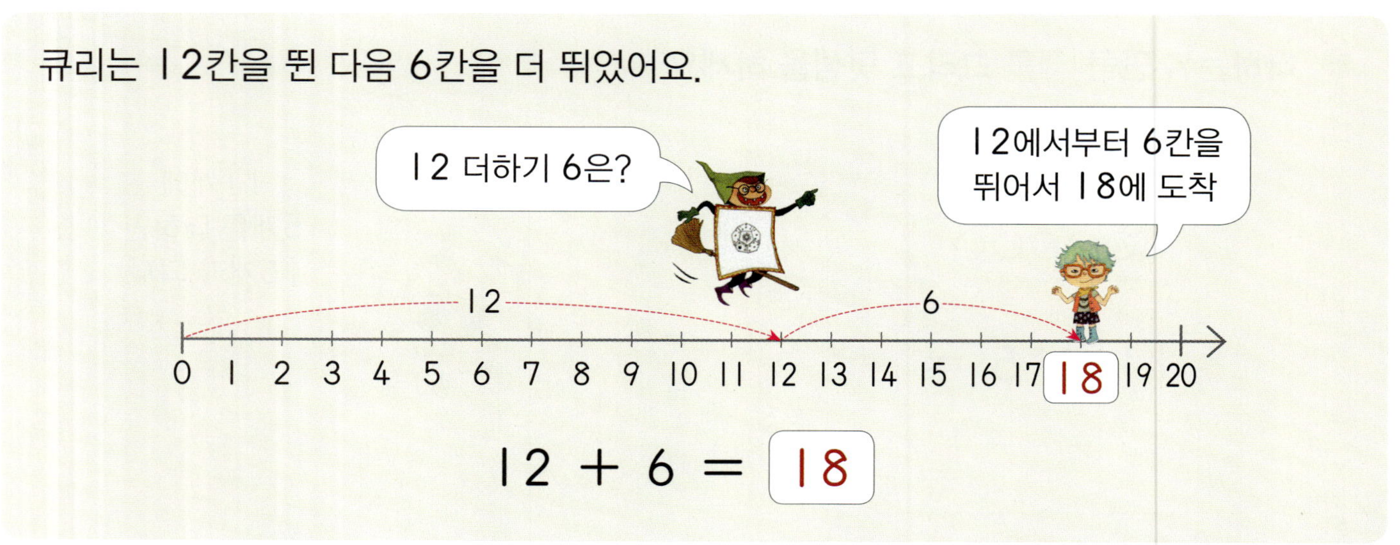

🌳 수직선을 보고 덧셈을 하세요.

❶
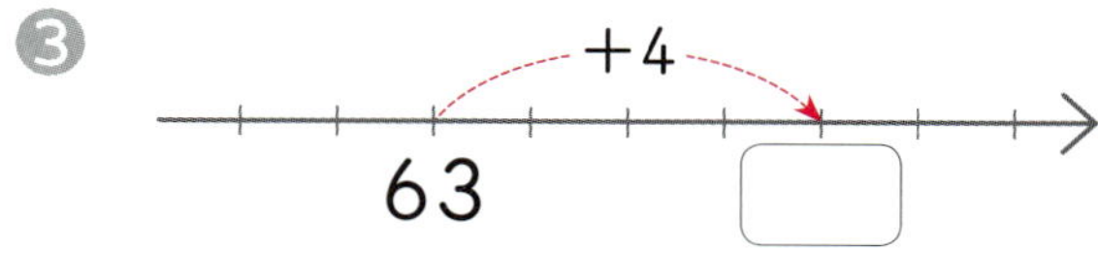

$$41 + 8 = \boxed{}$$

❷
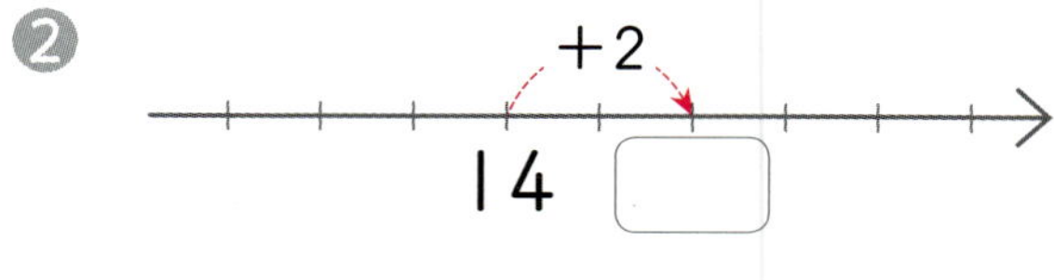

$$14 + 2 = \boxed{}$$

❸

$$63 + 4 = \boxed{}$$

❹
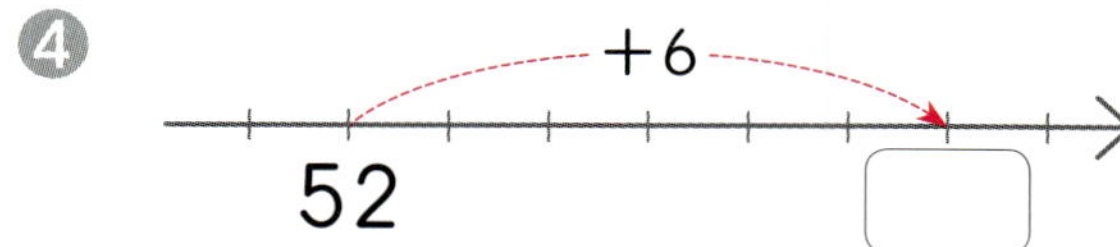

$$52 + 6 = \boxed{}$$

❺
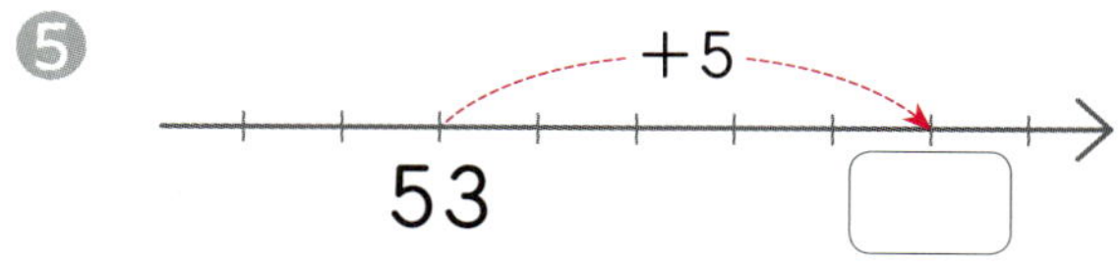

$$53 + 5 = \boxed{}$$

❻

$$61 + 7 = \boxed{}$$

뛰어 세어 덧셈을 하세요.

+3
14 15 16 17 18
14 + 3 = 17

14에서
3만큼 뛰어 세면
17이야.

❶

+1
20 21 23 24
21 + 1 =

❷

+4
45 46 47 48
45 + 4 =

❸

+3
76 77 78 80
76 + 3 =

❹

+2
82 83 84 86
83 + 2 =

❺

+6
61 62 63 64 65 66 67 69
62 + 6 =

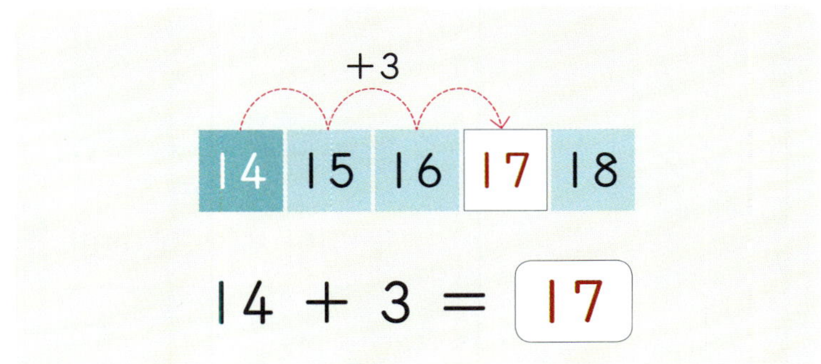

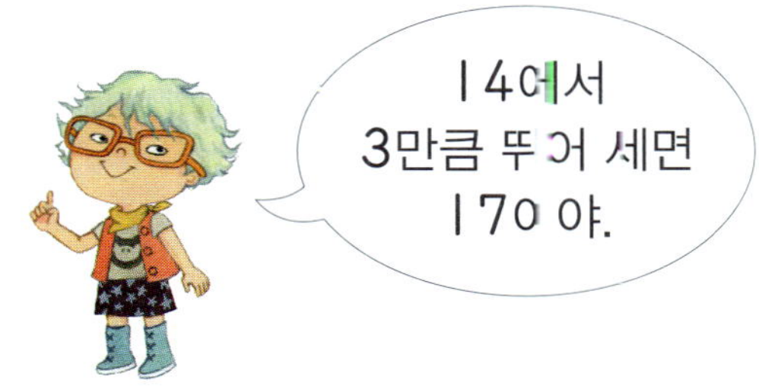

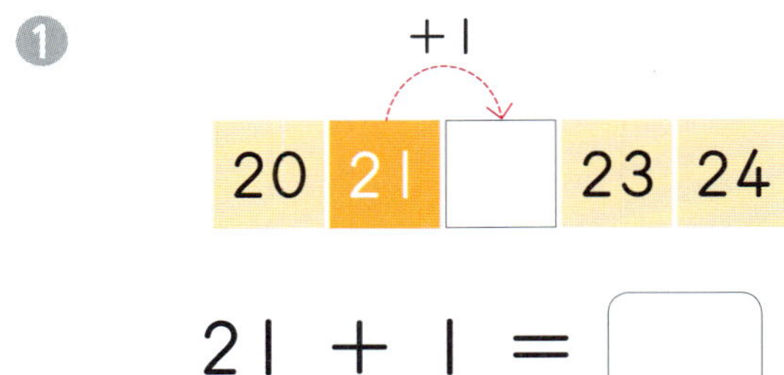

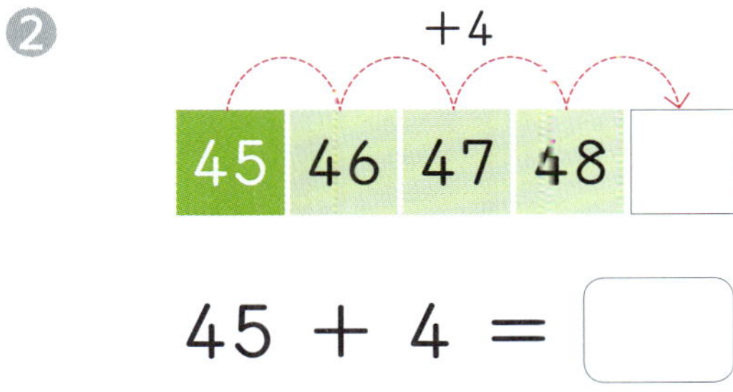

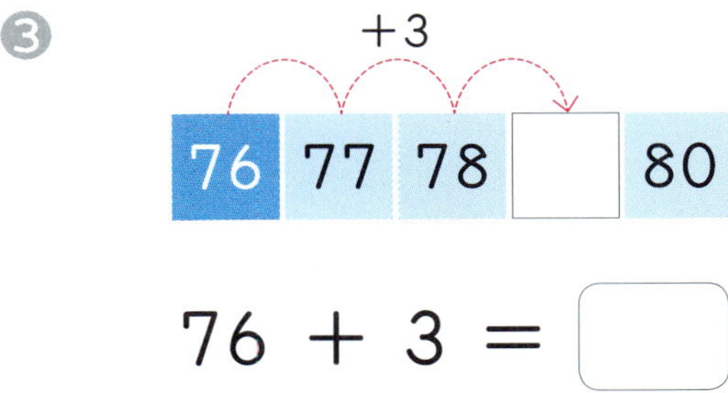

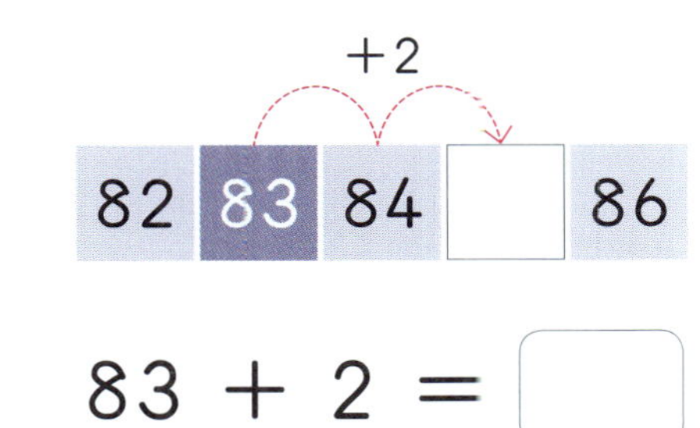

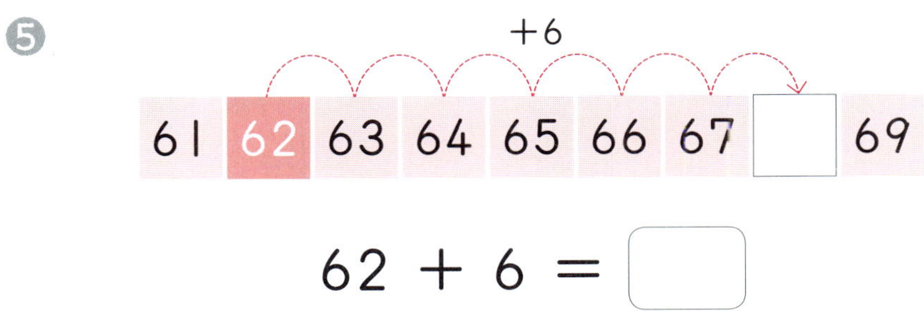

31
32
32부터 4 뛰어 세면 36이야!
36
32 + 4 = 36
개구리 잡으러 가야지~
28
28 + 1 =
27
73
73 + 5 =

🌳 뛰어 세어 덧셈을 하세요.

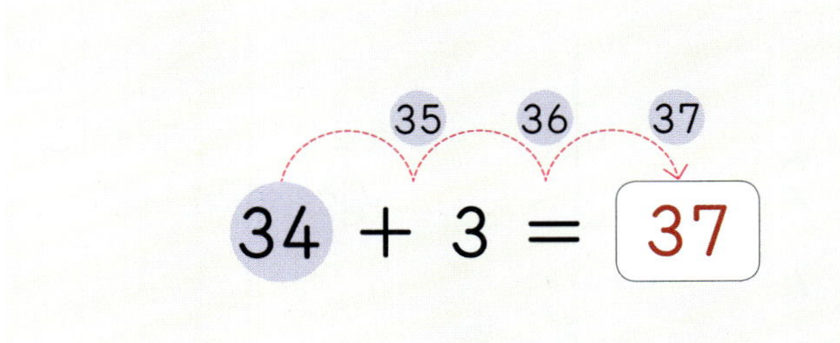

① 52 + 1 = ☐

② 71 + 6 = ☐

③ 26 + 3 = ☐

④ 14 + 2 = ☐

⑤ 35 + 4 = ☐

⑥ 67 + 1 = ☐

⑦ 82 + 5 = ☐

⑧ 43 + 3 = ☐

⑨ 96 + 2 = ☐

⑩ 51 + 4 = ☐

가로셈과 세로셈

현우는 수 모형의 수를 가로셈과 세로셈으로 구하고 있어요.

$$22 + 4 = \boxed{26} \;\Rightarrow\; \boxed{2\;6}$$

🌳 수 모형의 수를 세로셈으로 구하세요.

① 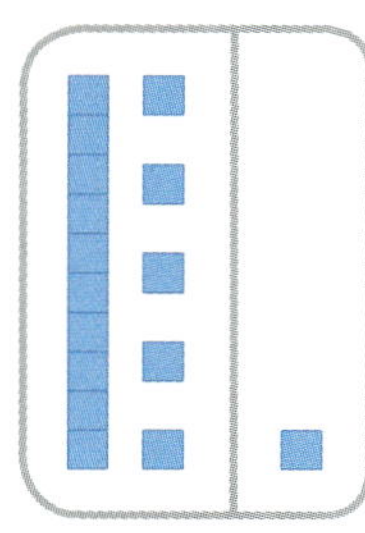
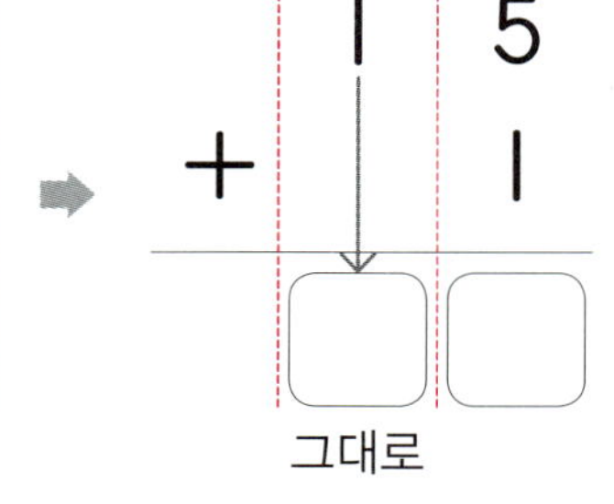
5+1 · 그대로
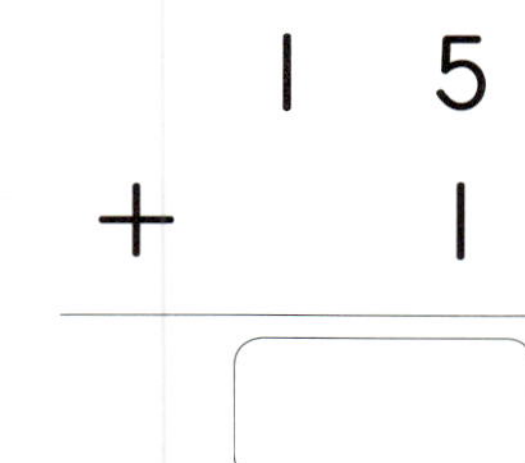

② 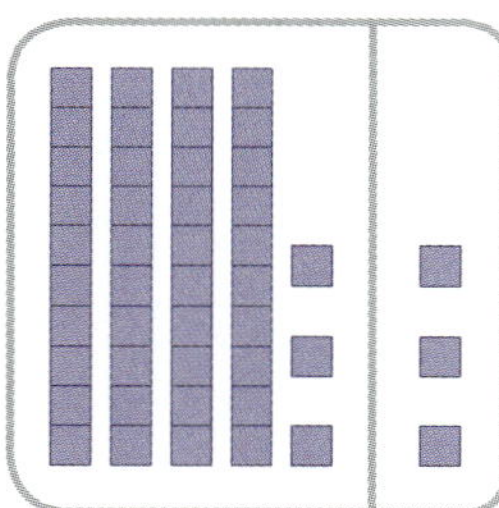
3+3 · 그대로

③ 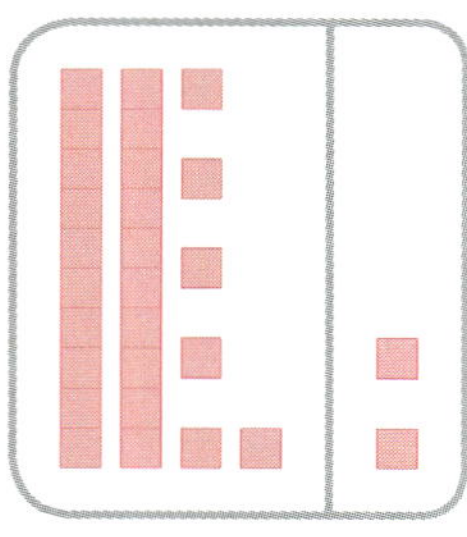
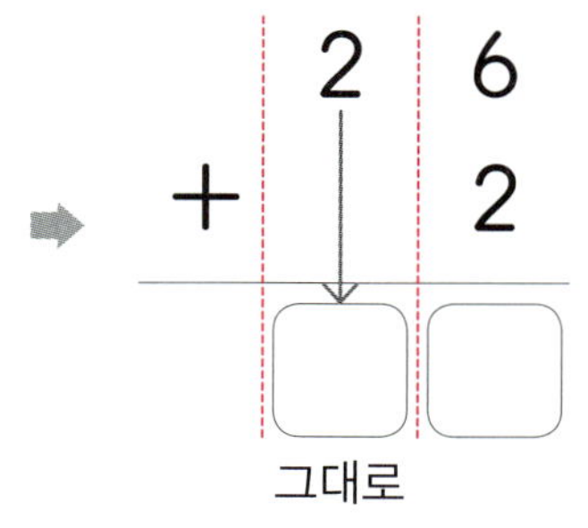
6+2 · 그대로

🌳 가로셈을 세로셈으로 바꾸어 계산하세요.

3 1
+ 8
3 9
31 + 8 = 39

가로셈에서 앞의 수를 세로셈의 위에 써야 한단다.

❶

+
22 + 1

❷

+
82 + 6

❸

+
45 + 2

❹

+
63 + 4

❺

+
13 + 5

❻

+
51 + 7

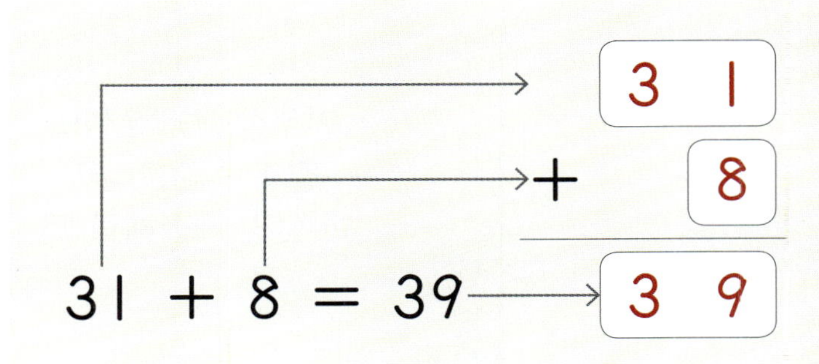

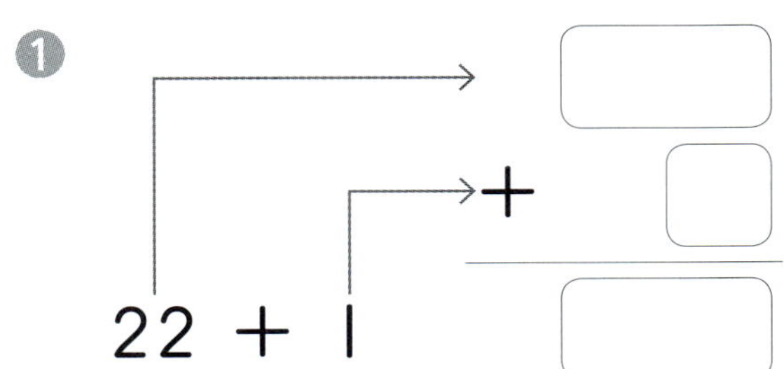

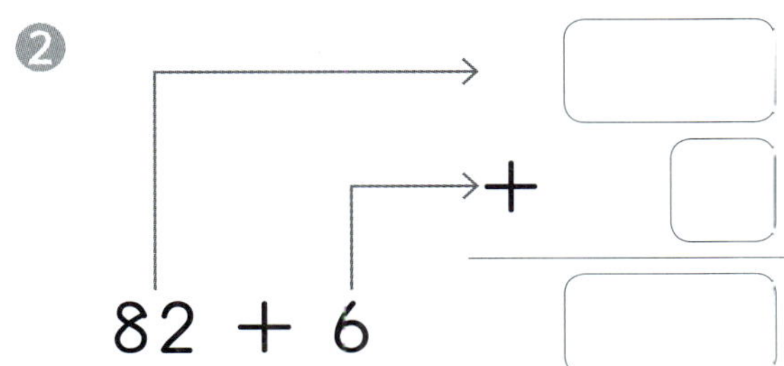

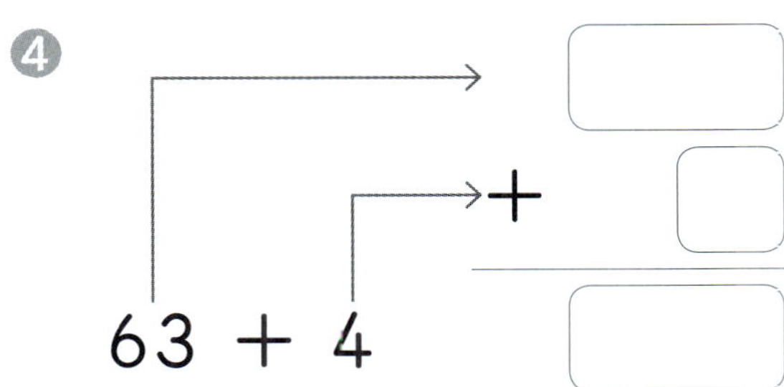

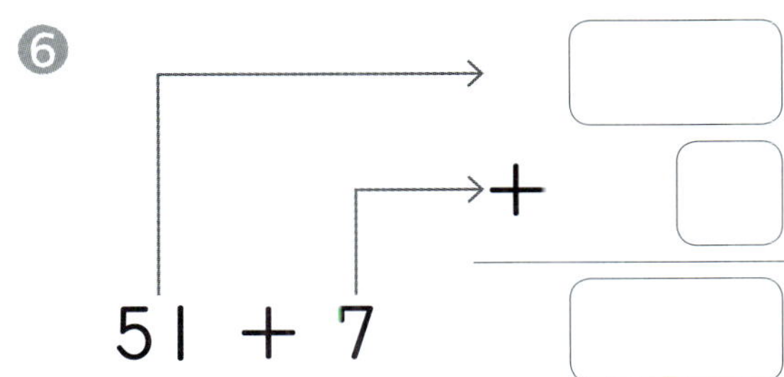

태돌이는 가로로 된 식과 세로로 된 식을 계산하려고 해요.

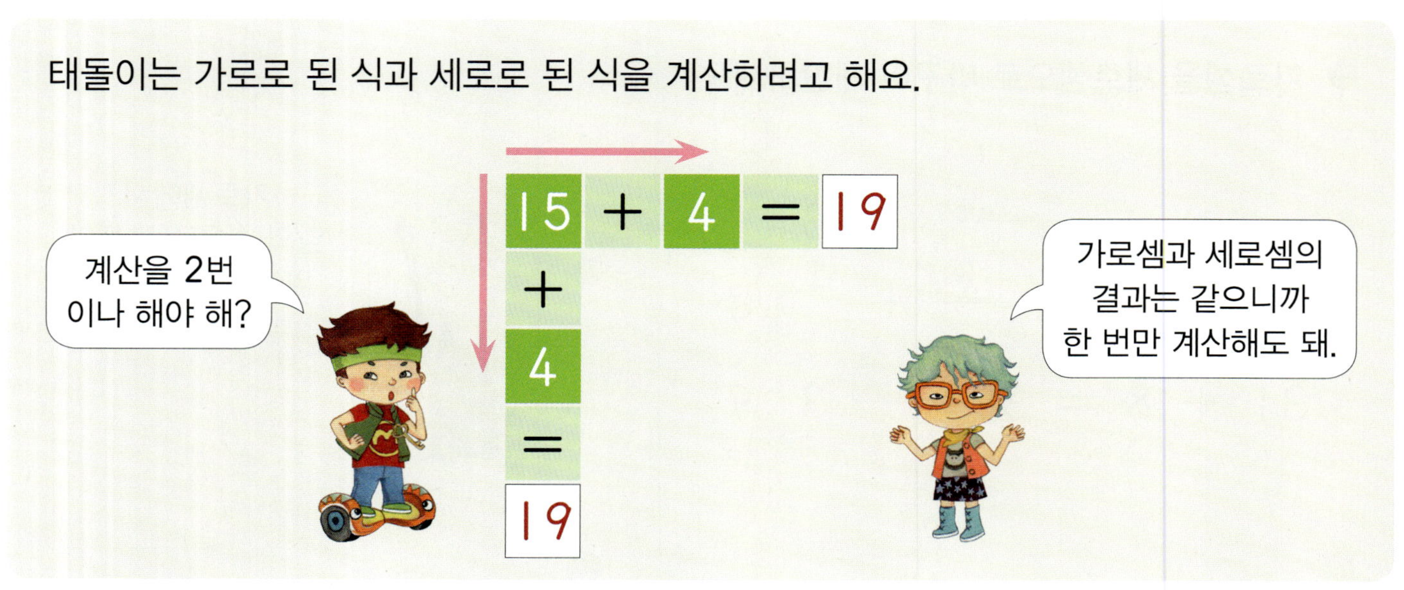

🌳 빈칸에 알맞은 수를 쓰세요.

① 42 + 4 = □
+
4
=
□

② 51 + 6 = □
+
6
=
□

③ 40 + 9 = □
+
9
=
□

④ 2 + 37 = □
+
37
=
□

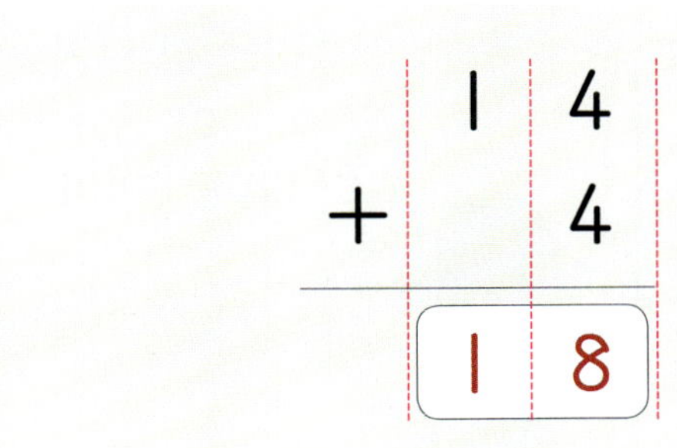

$$\begin{array}{r} 1\ 4 \\ +\quad 4 \\ \hline 1\ 8 \end{array}$$

❶
$$\begin{array}{r} 8\ 3 \\ +\quad 2 \\ \hline \end{array}$$

❷
$$\begin{array}{r} 7\ 6 \\ +\quad 1 \\ \hline \end{array}$$

❸
$$\begin{array}{r} 5\ 2 \\ +\quad 6 \\ \hline \end{array}$$

❹
$$\begin{array}{r} 3\ 5 \\ +\quad 3 \\ \hline \end{array}$$

❺
$$\begin{array}{r} 2\ 2 \\ +\quad 4 \\ \hline \end{array}$$

❻
$$\begin{array}{r} 9\ 1 \\ +\quad 5 \\ \hline \end{array}$$

❼
$$\begin{array}{r} 6\ 1 \\ +\quad 7 \\ \hline \end{array}$$

❽
$$\begin{array}{r} 4\ 4 \\ +\quad 5 \\ \hline \end{array}$$

❾
$$\begin{array}{r} 8\ 4 \\ +\quad 3 \\ \hline \end{array}$$

□가 있는 더하기

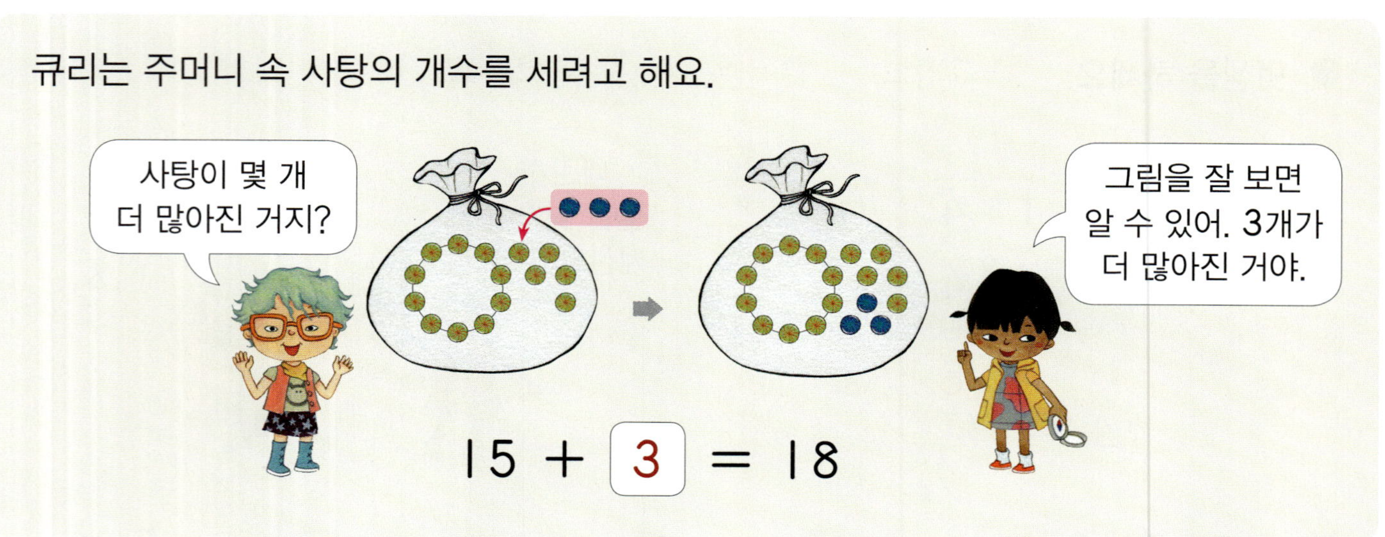

🌳 그림을 보고 □ 안에 알맞은 수를 쓰세요.

❶ $12 + \boxed{} = 19$

❷ $23 + \boxed{} = 26$

❸ $15 + \boxed{} = 17$

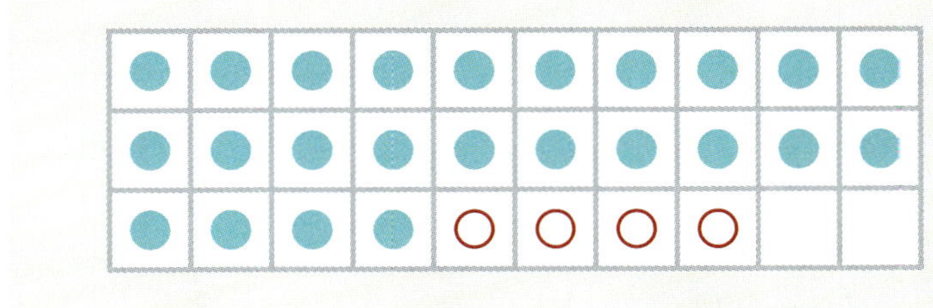

$$24 + \boxed{4} = 28$$

1 $\qquad 22 + \boxed{} = 29$

2 $\qquad 11 + \boxed{} = 14$

3 $\qquad 13 + \boxed{} = 18$

4 $\qquad 31 + \boxed{} = 36$

티나는 처음 수를 구하려고 해요.

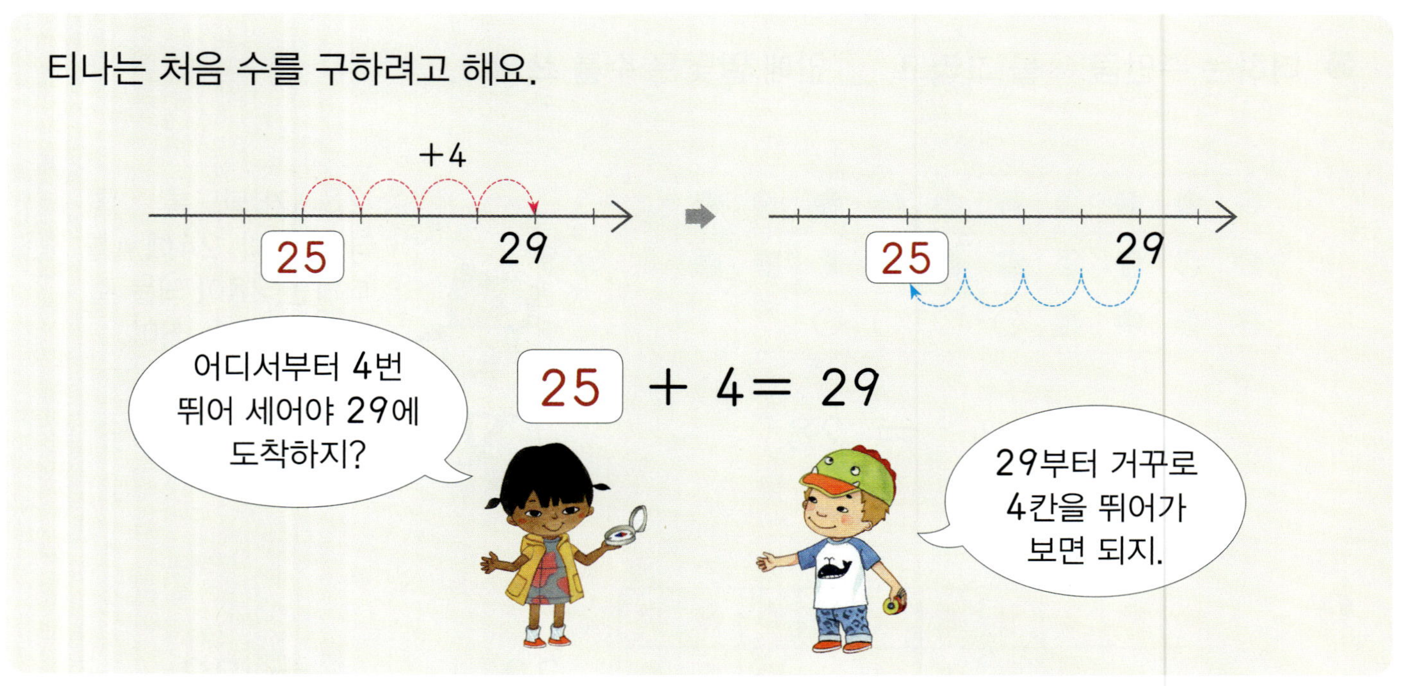

수직선을 보고 거꾸로 뛰어서 ☐ 안에 알맞은 수를 쓰세요.

❶
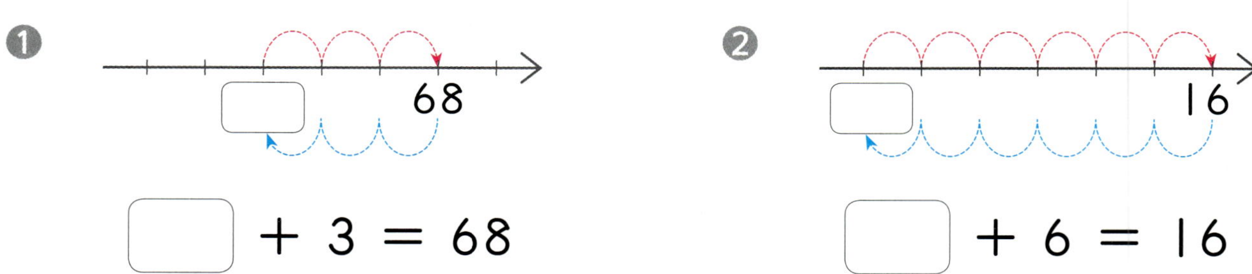

☐ + 3 = 68

❷ ☐ + 6 = 16

❸
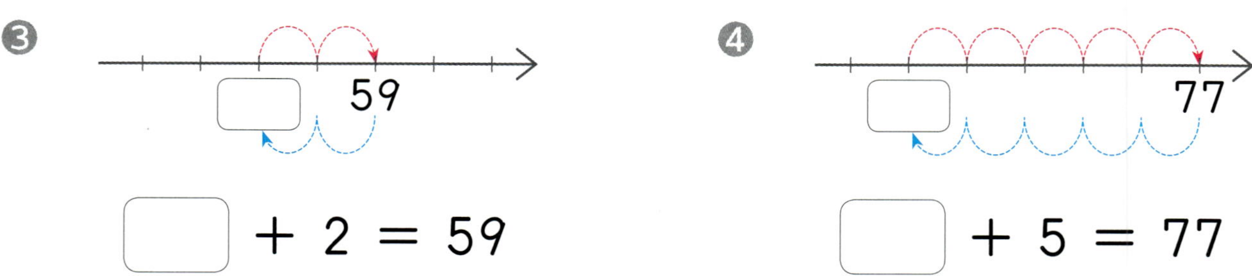

☐ + 2 = 59

❹ ☐ + 5 = 77

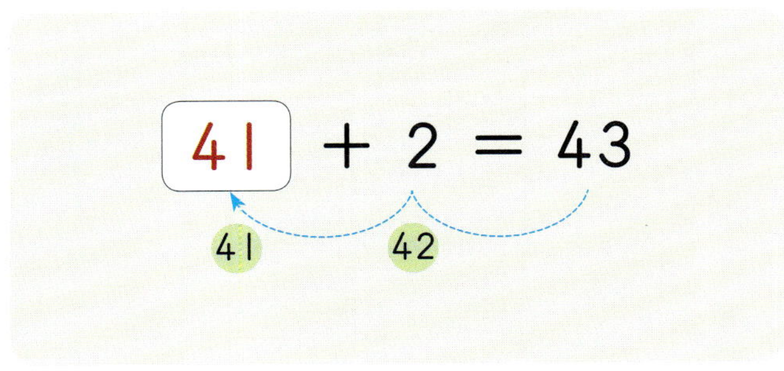

① □ + 3 = 34

② □ + 1 = 81

③ □ + 6 = 58

④ □ + 4 = 19

⑤ □ + 2 = 67

⑥ □ + 5 = 77

⑦ □ + 1 = 45

⑧ □ + 3 = 94

⑨ □ + 7 = 89

⑩ □ + 2 = 54

받아올림이 없는 덧셈 연습

🌱 계산 결과를 찾아 선으로 이으세요.

□ 안에 연결된 두 수의 합을 쓰세요.

43 40+3
3 12 1 40
13 12+1
3과 40이 연결되어
있어서 43,
12와 1이 연결되어
있어서 13이야.

❶

65+4
65 3 4 81
81+3

❷

2 5 73 52

❸

11 6 8 21

❹

94 1 37 2

❺

5 42 9 60

❻

7 44 12 4

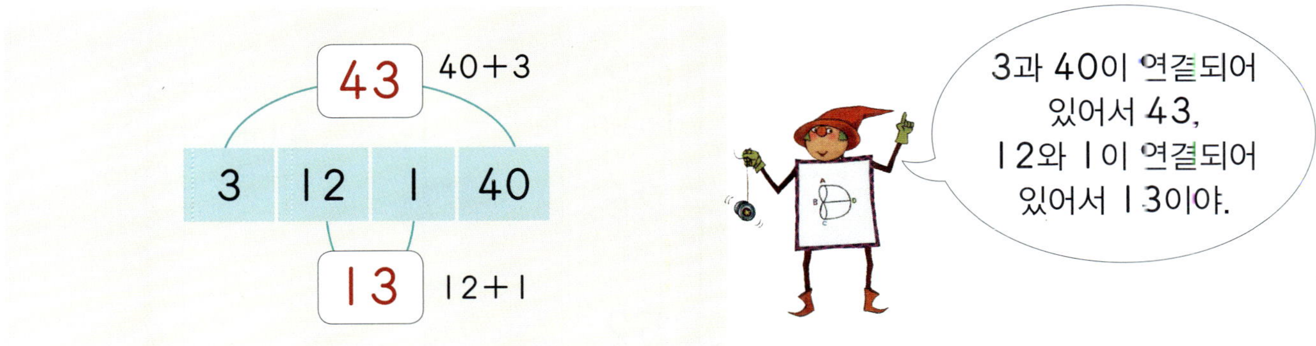

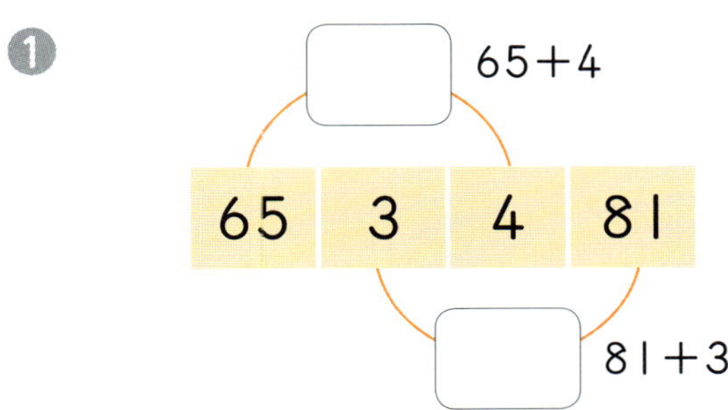

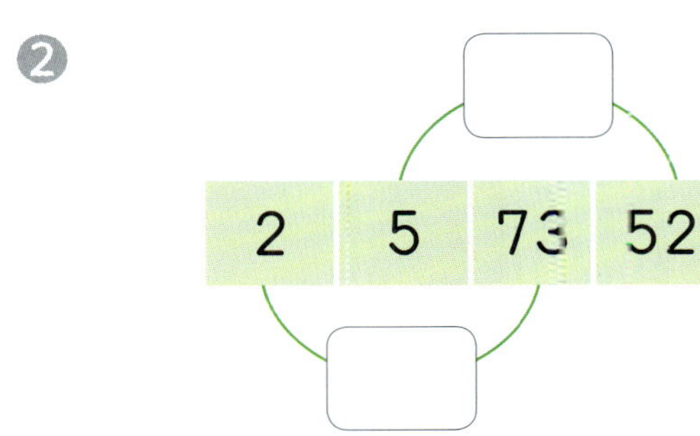

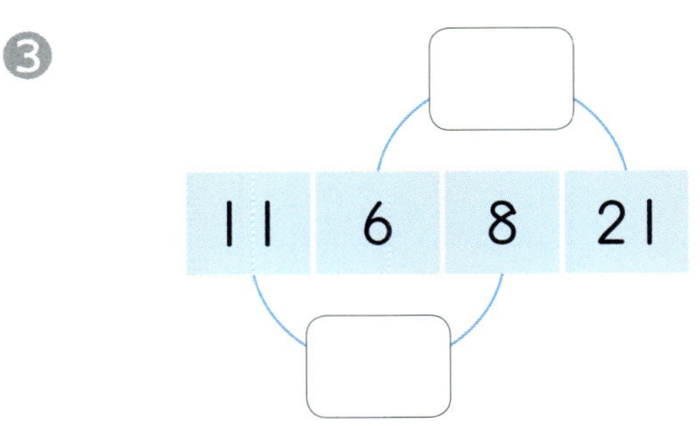

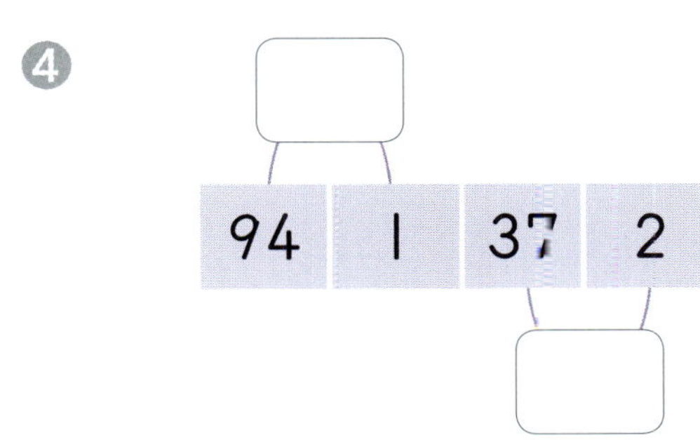

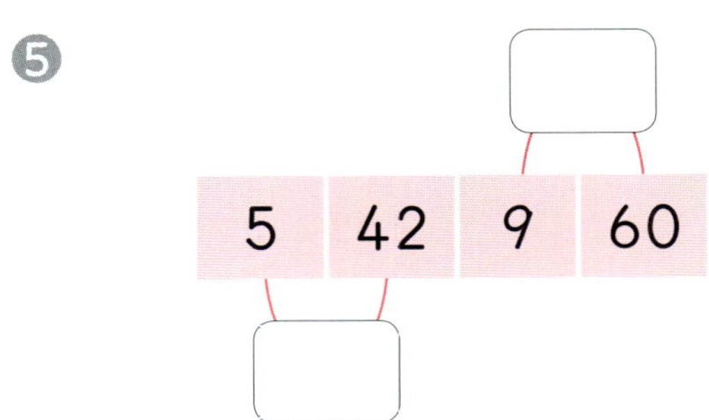

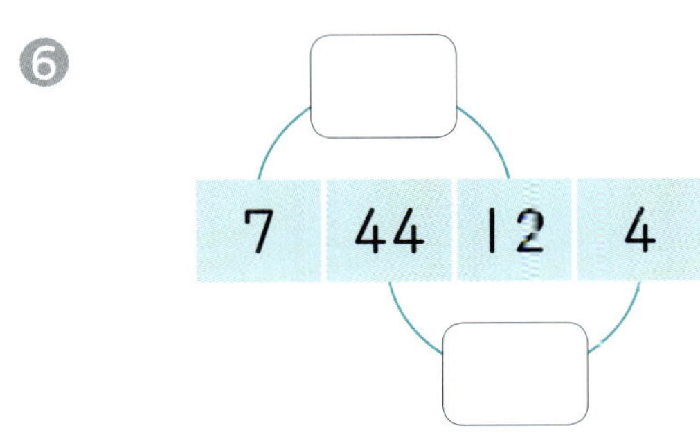

태돌이는 답 퍼즐을 찾으려고 해요.

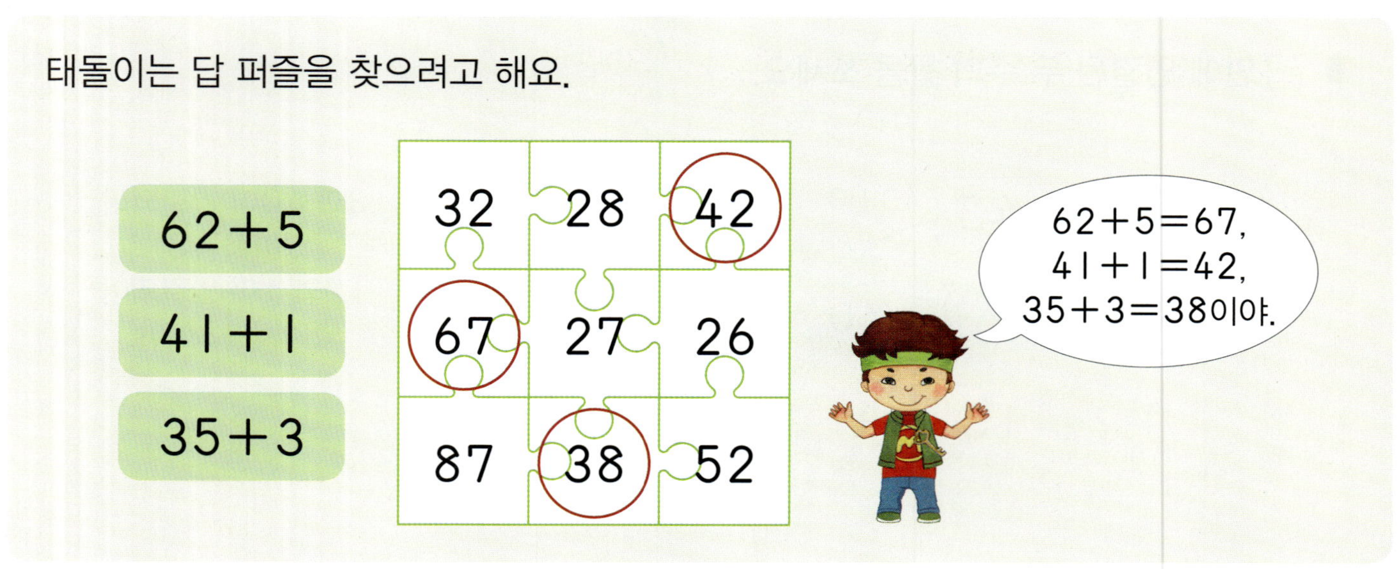

🌳 덧셈을 하여 답이 써 있는 퍼즐을 찾아 ◯표 하세요.

❶

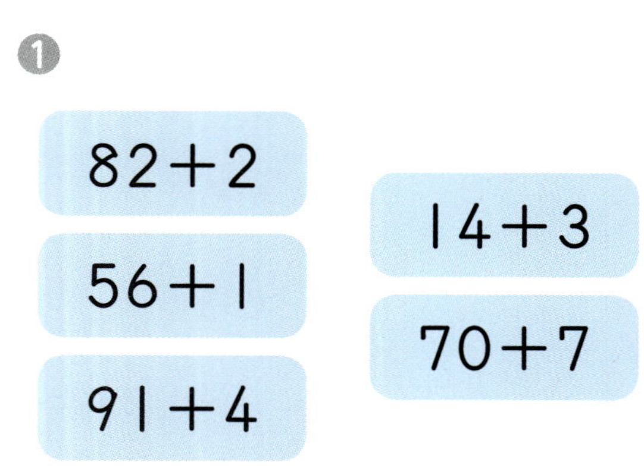

❷

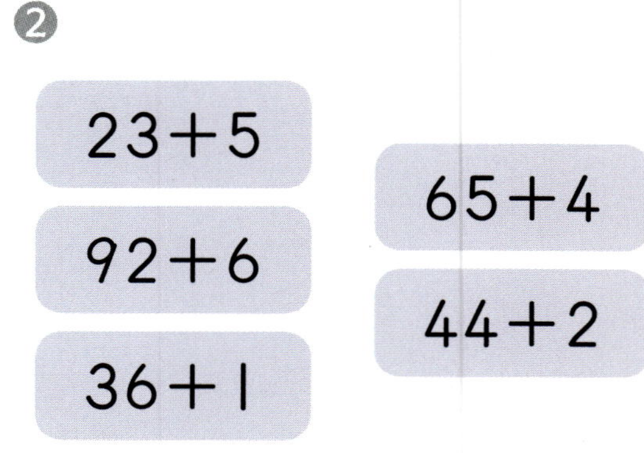

덧셈식이 있는 수학 기차야.
식을 완성하면 기차가 칙칙폭폭 달릴 거야.
12 + 3 = 15

❶

+ 1 = 49

❷

83 + = 87

❸

54 + = 56

❹

+ 3 = 73

❺

+ 5 = 68

❻

90 + = 94

공부한 날
월
일

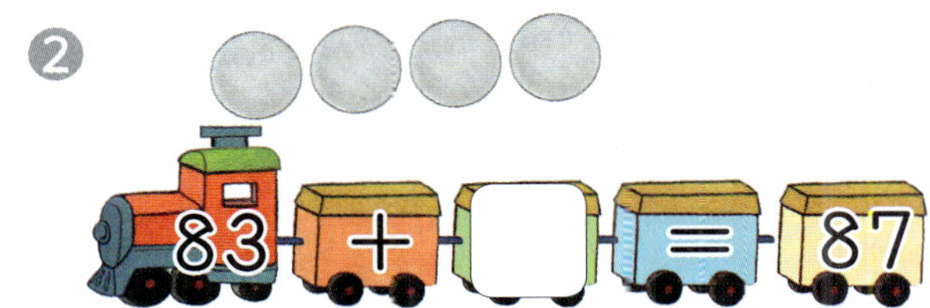

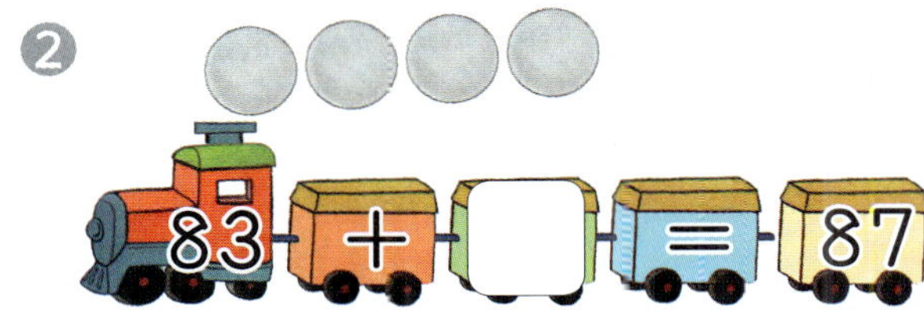

▲ 그림을 보고 덧셈을 하세요.

❶ 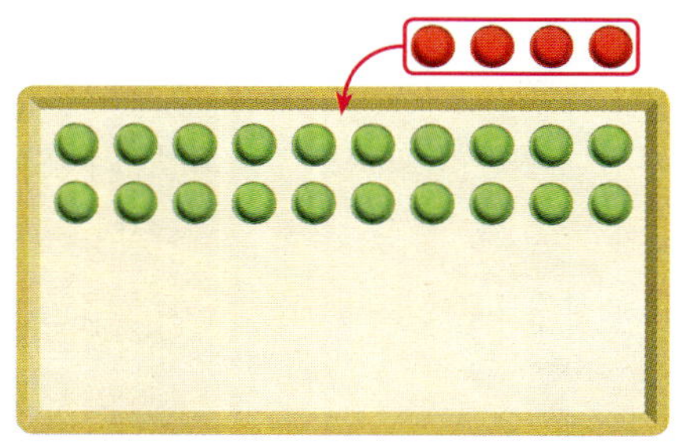

$$20 + 4 = \boxed{}$$

❷ 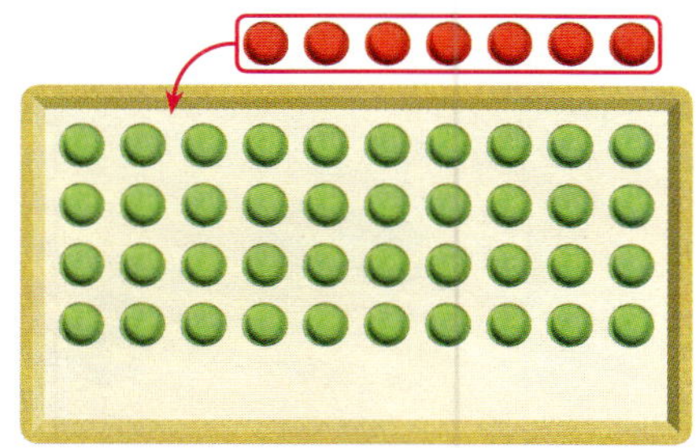

$$40 + 7 = \boxed{}$$

❸ 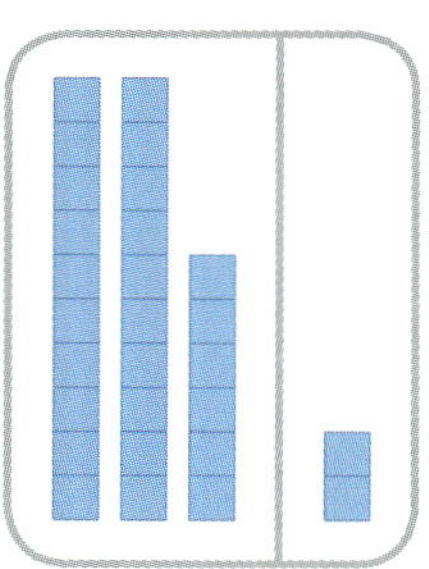

$$26 + 2 = \boxed{}$$

❹ 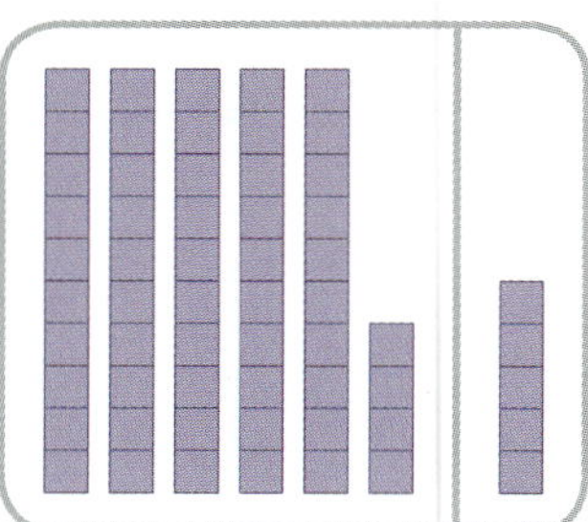

$$54 + 5 = \boxed{}$$

▲ 수직선을 보고 덧셈을 하세요.

❺ 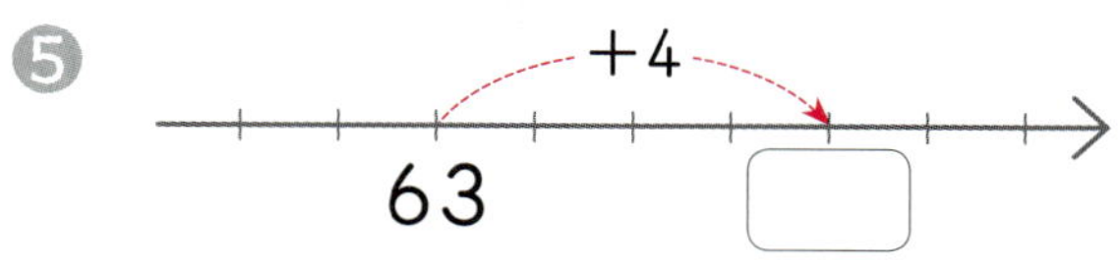

$$63 + 4 = \boxed{}$$

❻ 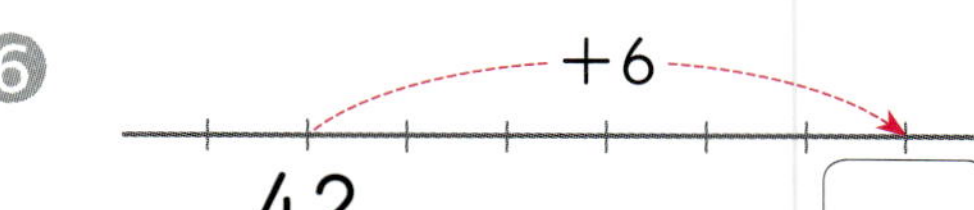

$$42 + 6 = \boxed{}$$

🌲 그림을 보고 ☐ 안에 알맞은 수를 쓰세요.

7 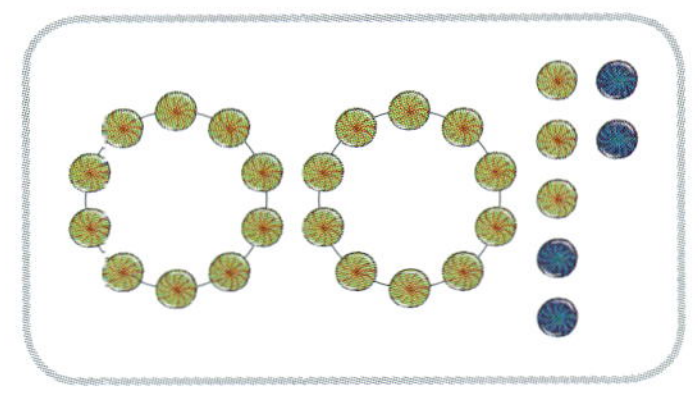

$$23 + \boxed{} = 27$$

8 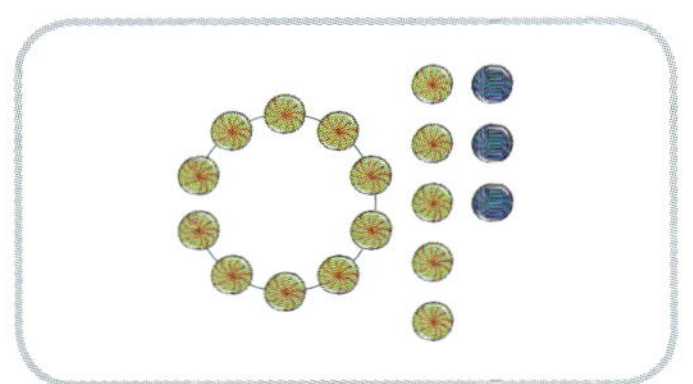

$$15 + \boxed{} = 18$$

🌲 수직선을 보고 거꾸로 뛰어서 ☐ 안에 알맞은 수를 쓰세요.

9 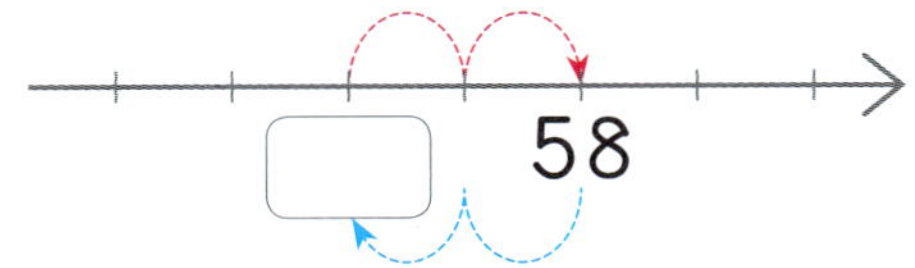

$$\boxed{} + 2 = 58$$

10 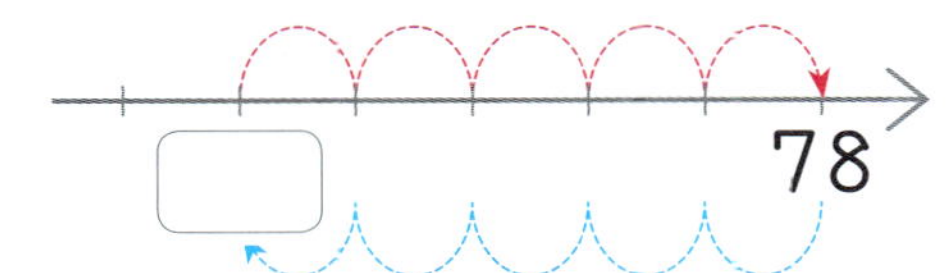

$$\boxed{} + 5 = 78$$

🌲 ☐ 안에 연결된 두 수의 합을 쓰세요.

11 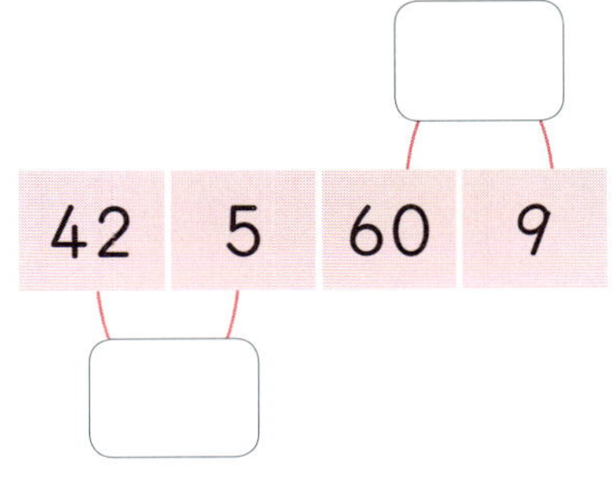

12 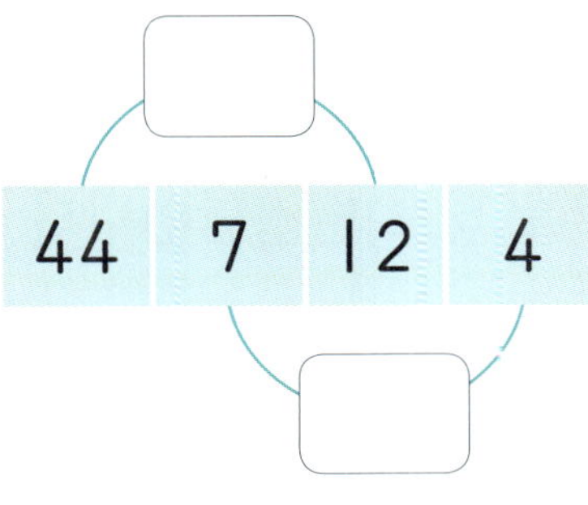

연산력 게임

QR코드를 찍으면 다양한 연산 게임을 할 수 있어요.

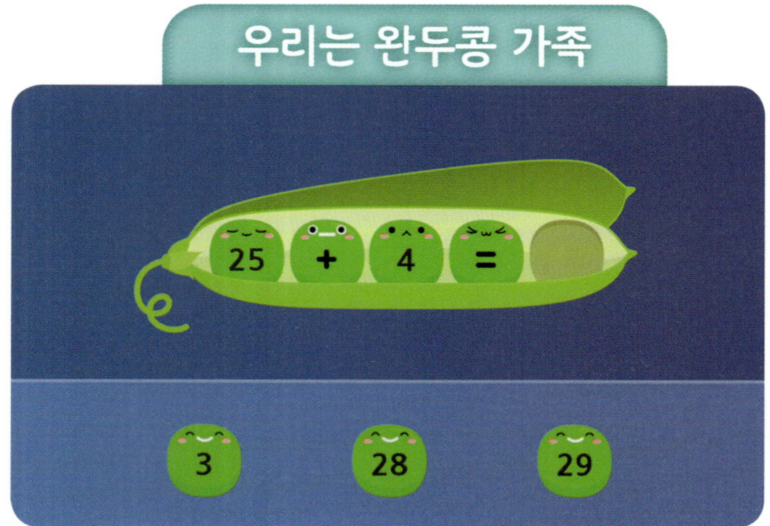

빈 곳에 들어갈 수는 무엇일까요?

아래쪽에서 빈 곳에 들어갈 알맞은 수를 골라 손가락으로 끌어서 넣으세요.
29를 넣으면 정답입니다.

빈 곳에 들어갈 수는 무엇일까요?

아래쪽에서 빈 곳에 들어갈 알맞은 수를 골라 손가락으로 끌어서 넣으세요.
39를 넣으면 정답입니다.

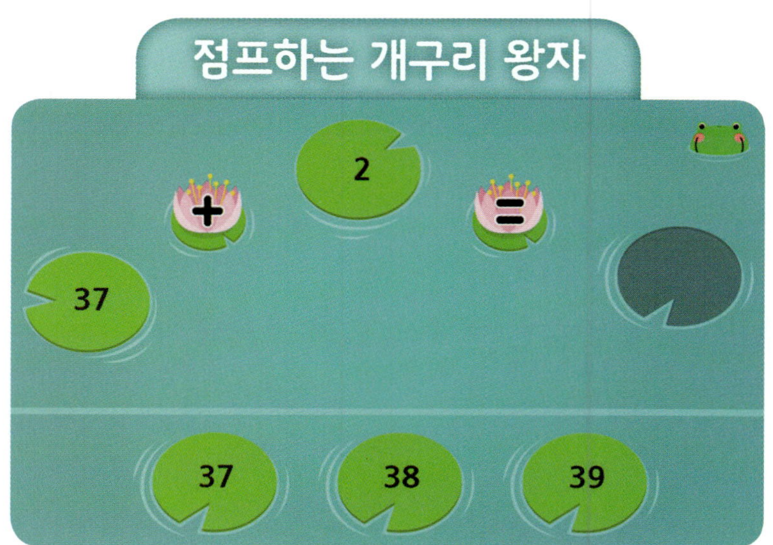

받아올림이 있는 (두 자리 수) + (한 자리 수)

▶ 연산 보충 학습(104~105쪽)에서 더 풀어 보세요.

학부모 지도 가이드

'24+9'와 같이 받아올림이 있는 (두 자리 수)+(한 자리 수)를 공부합니다. 받아올림이 있는 계산을 어려워하는 아이에게는 계산식을 그림으로 나타내어 설명합니다.

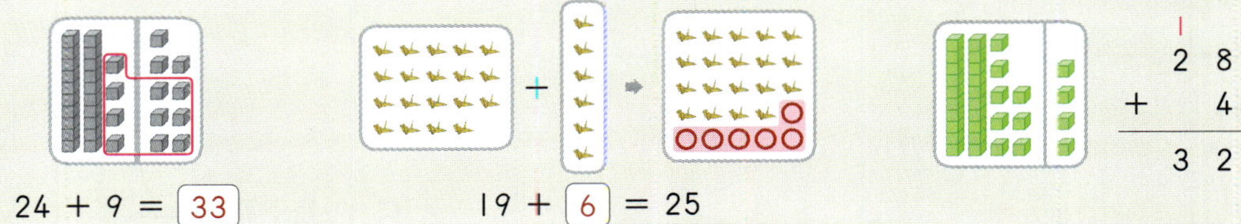

$24 + 9 = \boxed{33}$ $19 + \boxed{6} = 25$

받아올림이 있는 덧셈식에서 일의 자리 수끼리의 합이 10이거나 10보다 클 경우에는 10을 십의 자리로 받아올림하여 계산하도록 지도합니다.

받아올림이 있는 덧셈 연습

큐리는 받아올림이 있는 두 자리 수와 한 자리 수의 덧셈을 하려고 해요.

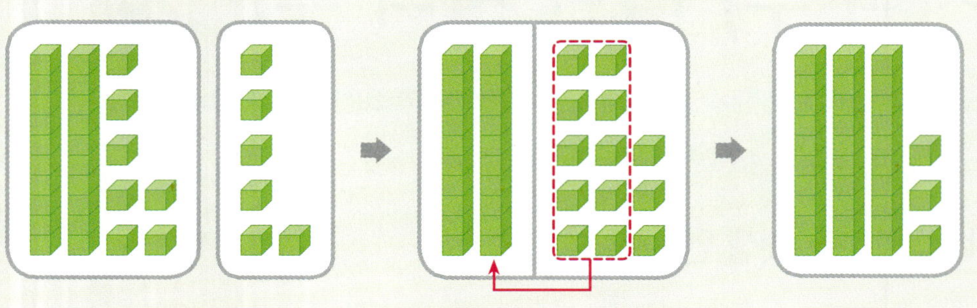

$$27 + 6 = \boxed{33}$$

🌳 그림을 보고 덧셈을 하세요.

❶ 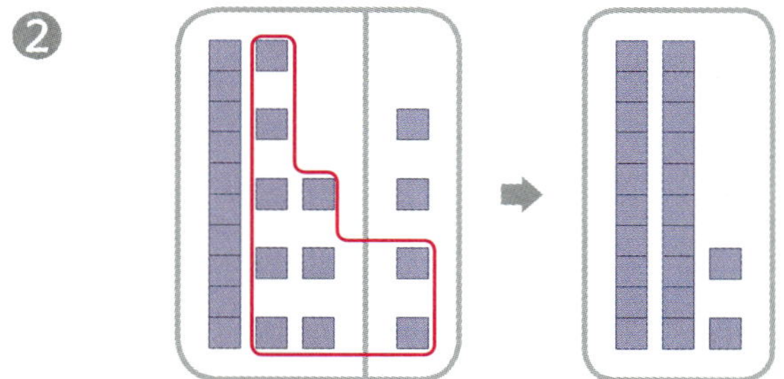

$$23 + 8 = \boxed{}$$

❷

$$18 + 4 = \boxed{}$$

❸ 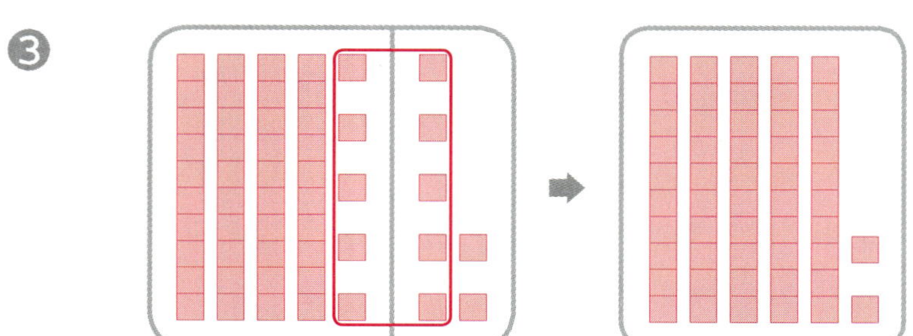

$$45 + 7 = \boxed{}$$

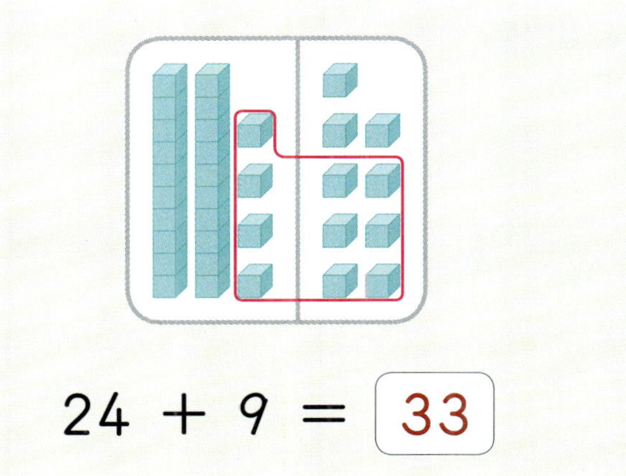

① 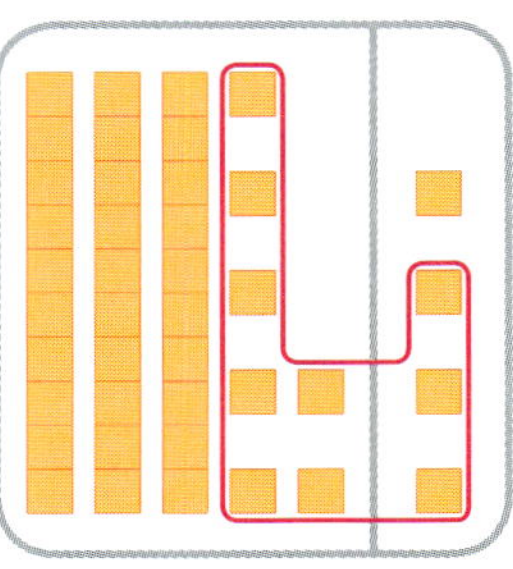

$$37 + 4 = \boxed{}$$

② 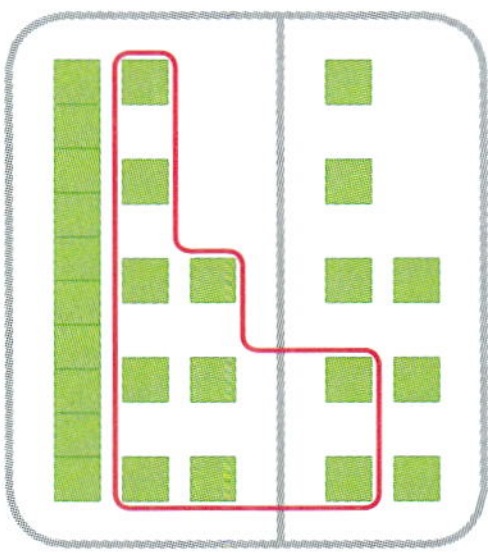

$$18 + 8 = \boxed{}$$

③ 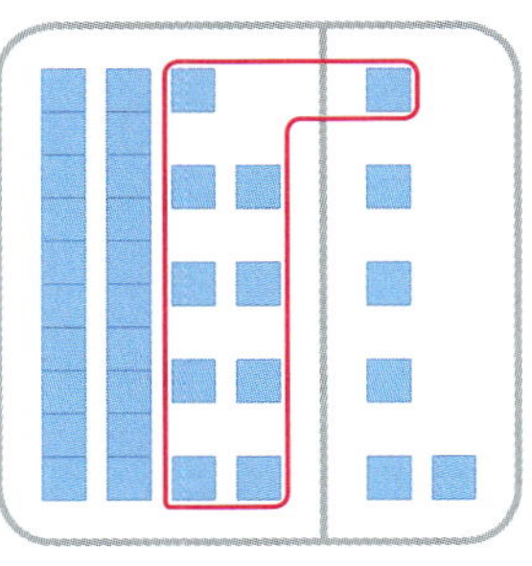

$$29 + 6 = \boxed{}$$

④ 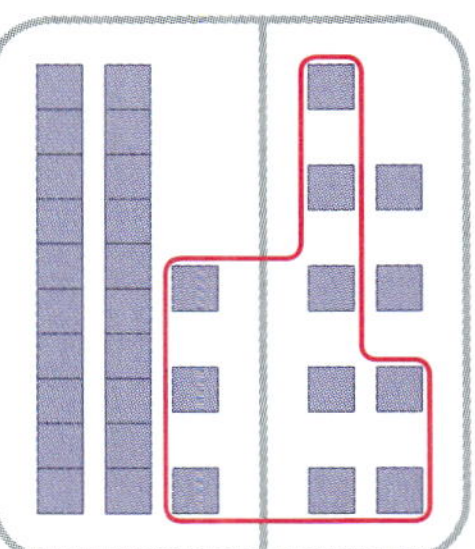

$$23 + 9 = \boxed{}$$

현우는 39에서 8칸 뛰어 세기를 해요.

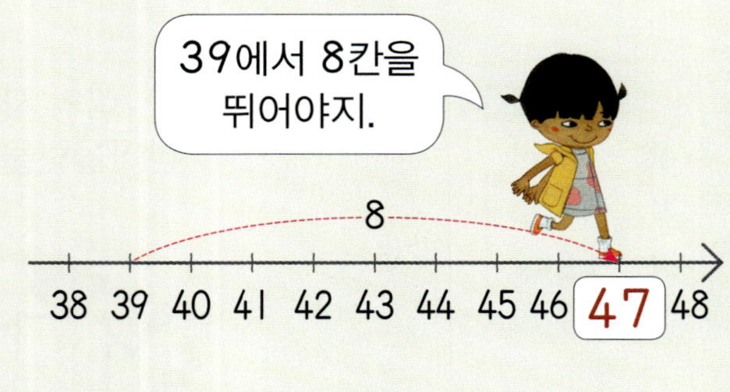

🌳 수직선을 보고 ☐ 안에 알맞은 수를 쓰세요.

❶
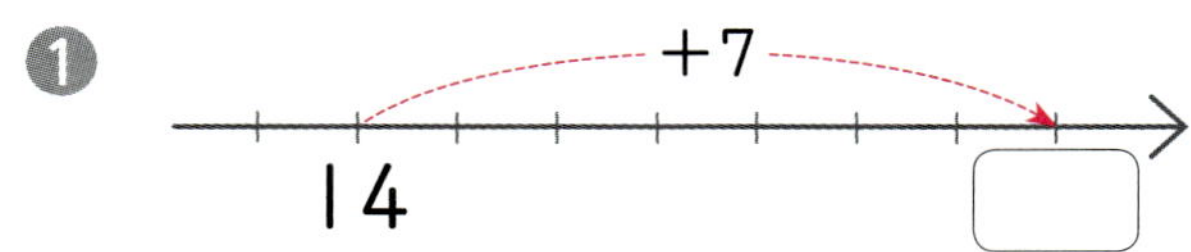

$14 + 7 = \boxed{}$

❷
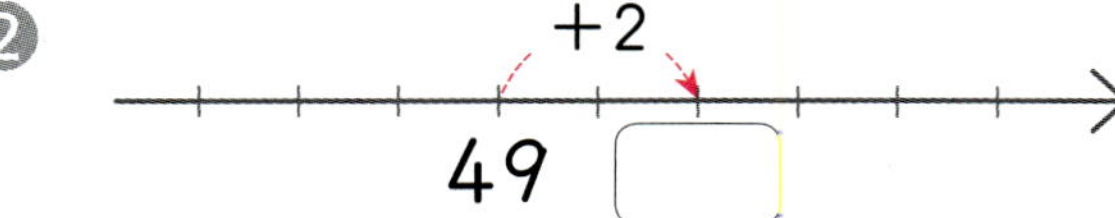

$49 + 2 = \boxed{}$

❸
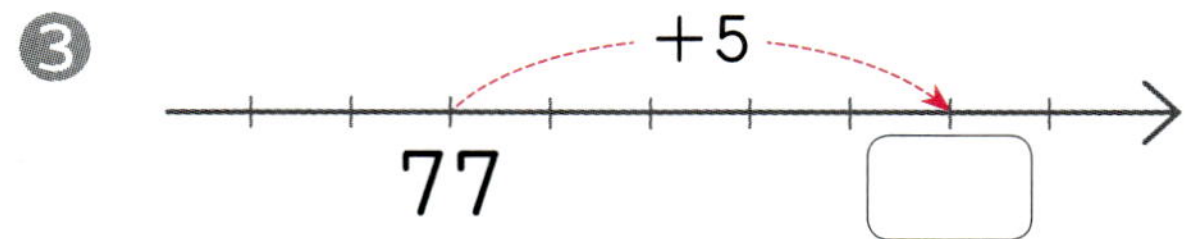

$77 + 5 = \boxed{}$

❹
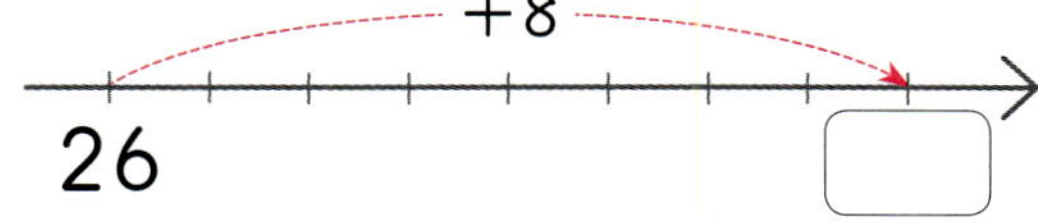

$26 + 8 = \boxed{}$

❺
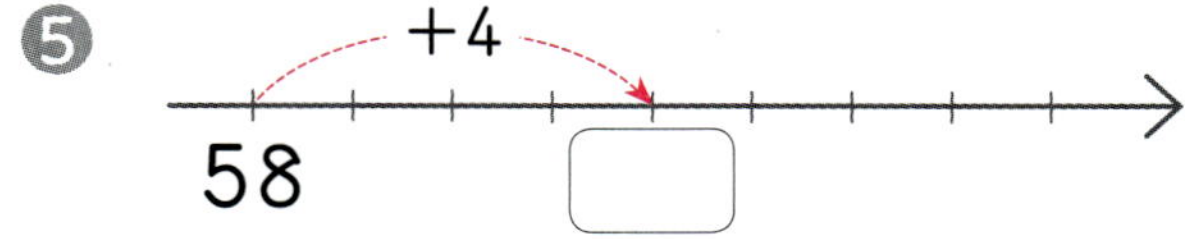

$58 + 4 = \boxed{}$

❻
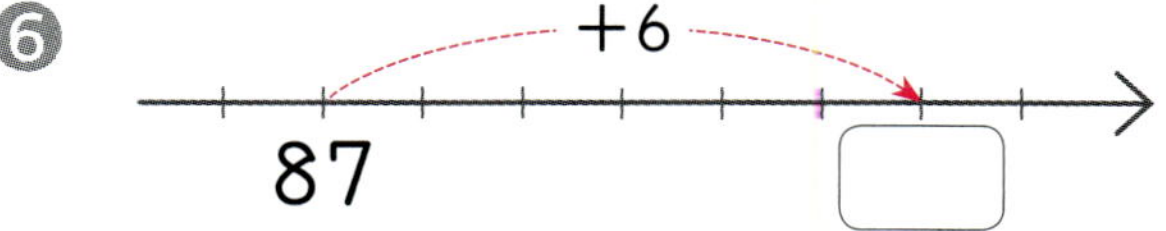

$87 + 6 = \boxed{}$

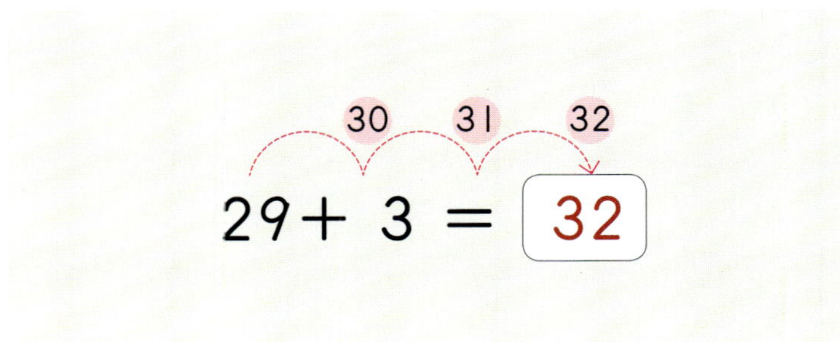

① 55 + 8 =

② 17 + 5 =

③ 46 + 6 =

④ 69 + 4 =

⑤ 79 + 1 =

⑥ 87 + 6 =

⑦ 24 + 7 =

⑧ 42 + 9 =

⑨ 38 + 3 =

⑩ 55 + 8 =

세로셈으로 더하기

티나는 받아올림이 있는 세로셈 계산 방법을 알아보려고 해요.

🌳 세로셈의 계산 방법에 따라 ☐ 안에 알맞은 수를 쓰세요.

❶

❷

● □ 안에 알맞은 수를 쓰세요.

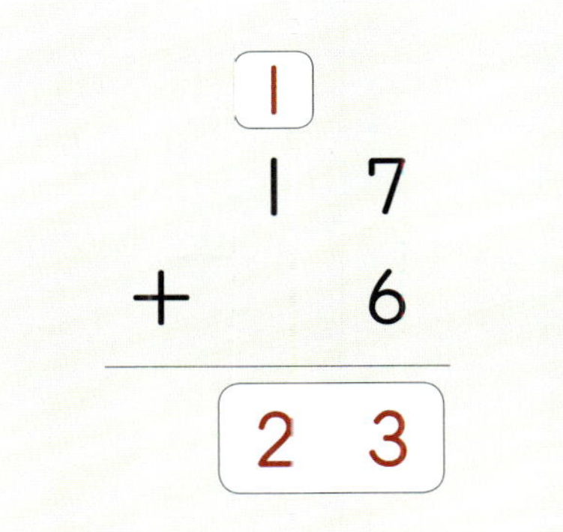

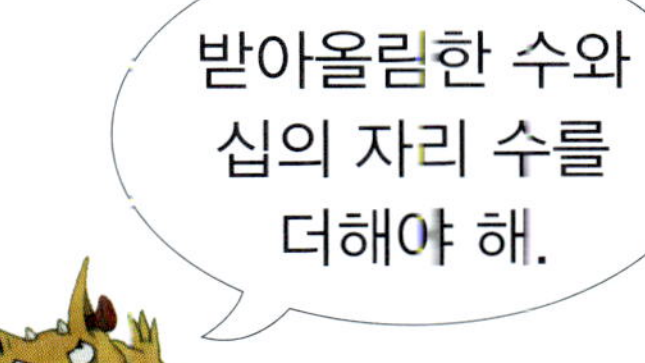

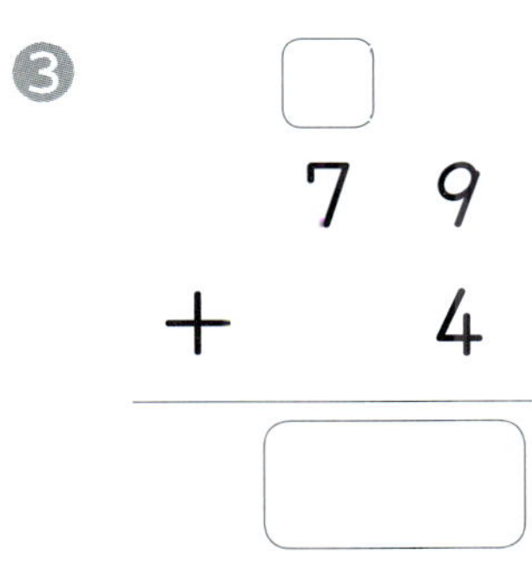

❶
```
    4 8
  +   3
  ______
```

❷
```
    2 2
  +   9
  ______
```

❸
```
    7 9
  +   4
  ______
```

❹
```
    6 4
  +   7
  ______
```

❺
```
    3 5
  +   8
  ______
```

❻
```
    5 7
  +   8
  ______
```

❼
```
    8 5
  +   9
  ______
```

❽
```
    4 7
  +   3
  ______
```

❾
```
    2 9
  +   6
  ______
```

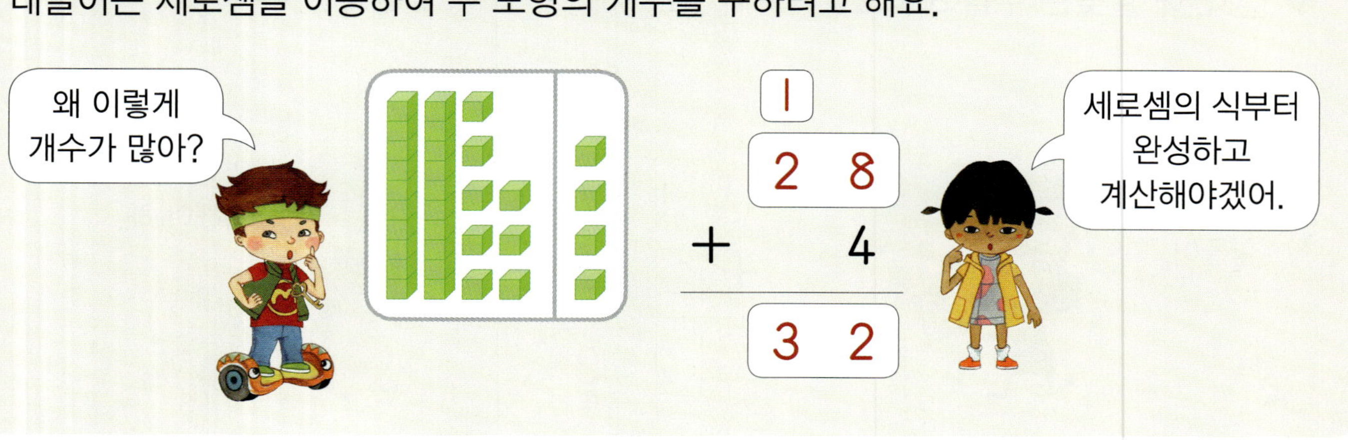

🌳 **그림을 세로셈으로 나타내고 덧셈을 하세요.**

❶
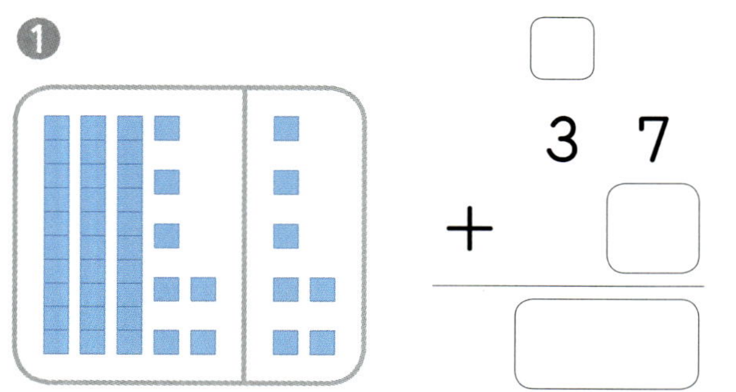

❷
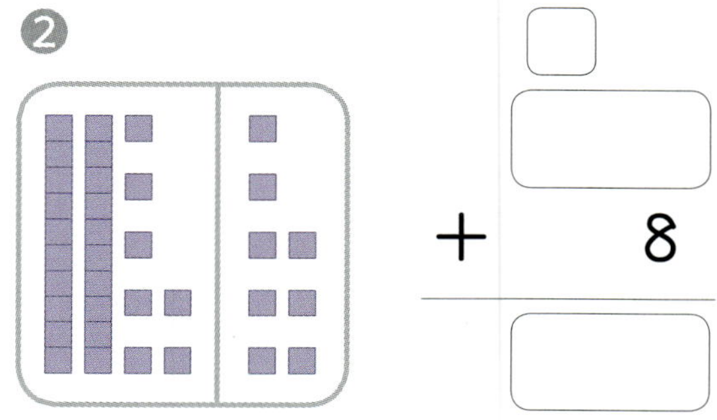

❸
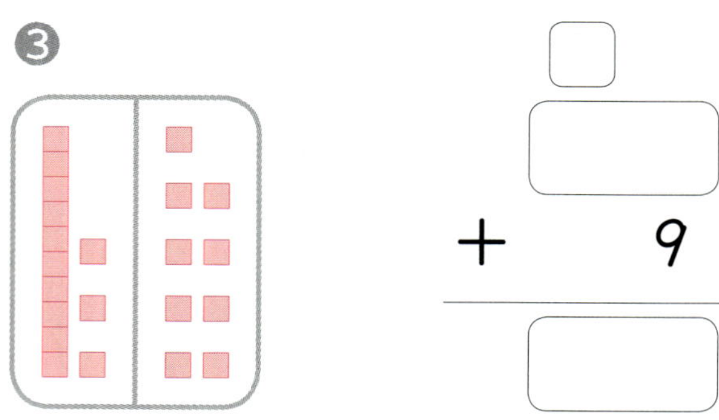

❹
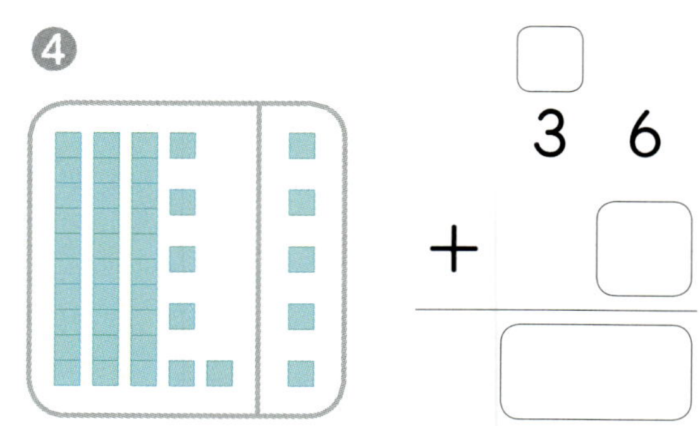

올바른 덧셈식이 되도록 로봇이 지나가는 길을 선으로 그으세요.

38
+ 8
46
,
38
+ 9
47
38
+
8   9
=
46
로봇은 8이
있는 길을
지나가야겠네.
1
6
+
27   17
=
33
2
45
+
3   8
=
53
3
7
+
44   34
=
51
공부한 날
월
일
4
9
+
62   63
=
72
5
84
+
9   7
=
93
6
8
+
16   17
=
25

□가 있는 더하기

큐리는 거꾸로 뛰어 세어 □ 안에 알맞은 수를 알아보려고 해요.

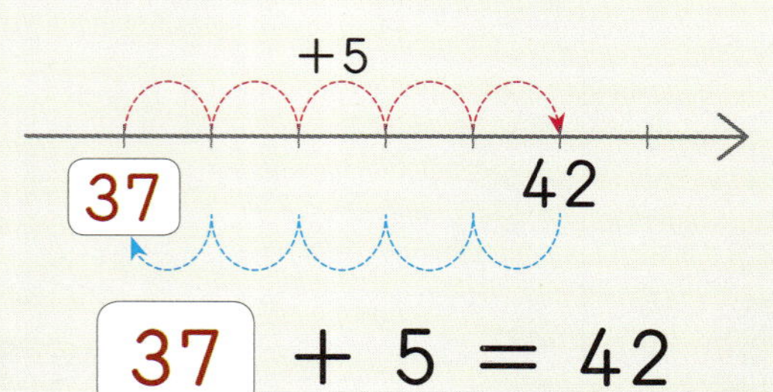

$$37 + 5 = 42$$

🌳 수직선을 보고 □ 안에 알맞은 수를 쓰세요.

① 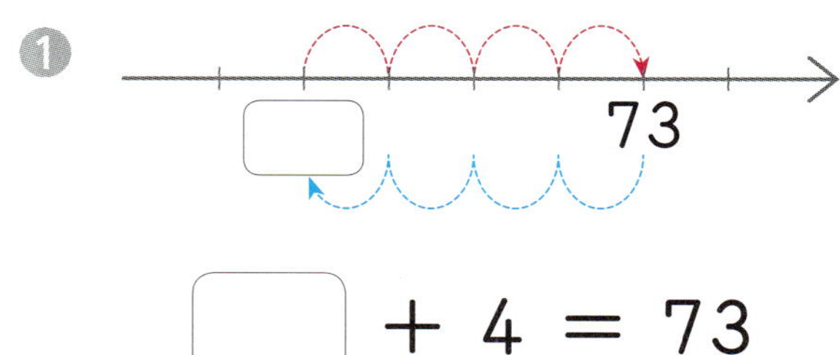

$$\square + 4 = 73$$

②

$$\square + 6 = 25$$

③ 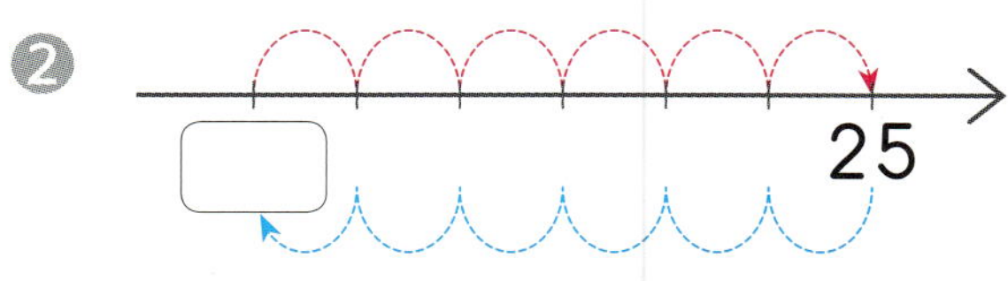

$$\square + 2 = 51$$

④

$$\square + 5 = 44$$

⑤ 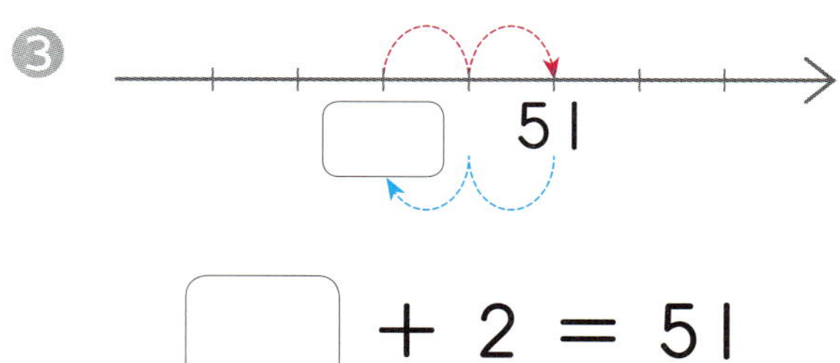

$$\square + 8 = 37$$

⑥ 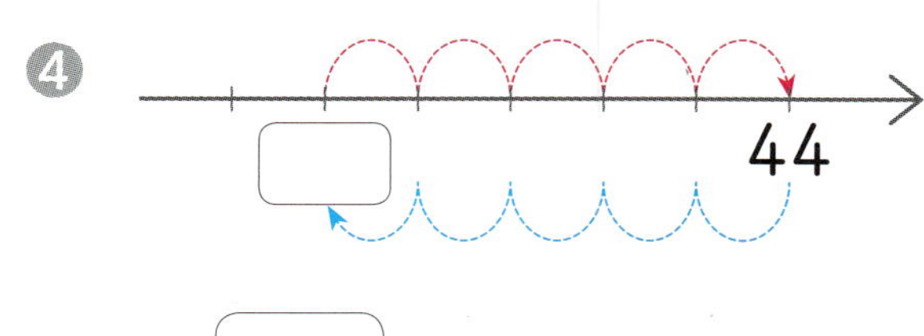

$$\square + 7 = 53$$

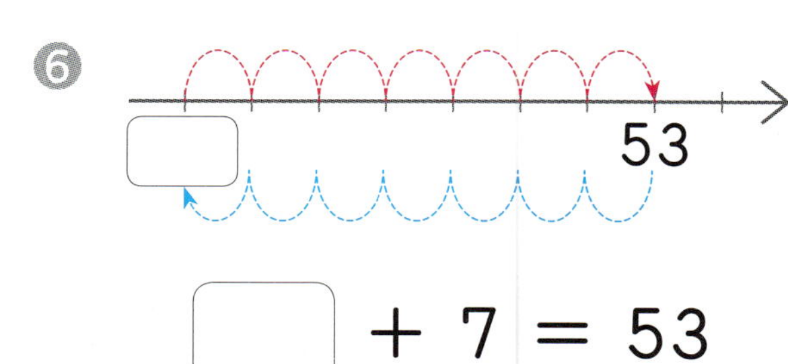

🌳 ⬤ 안에 알맞은 수를 쓰세요.

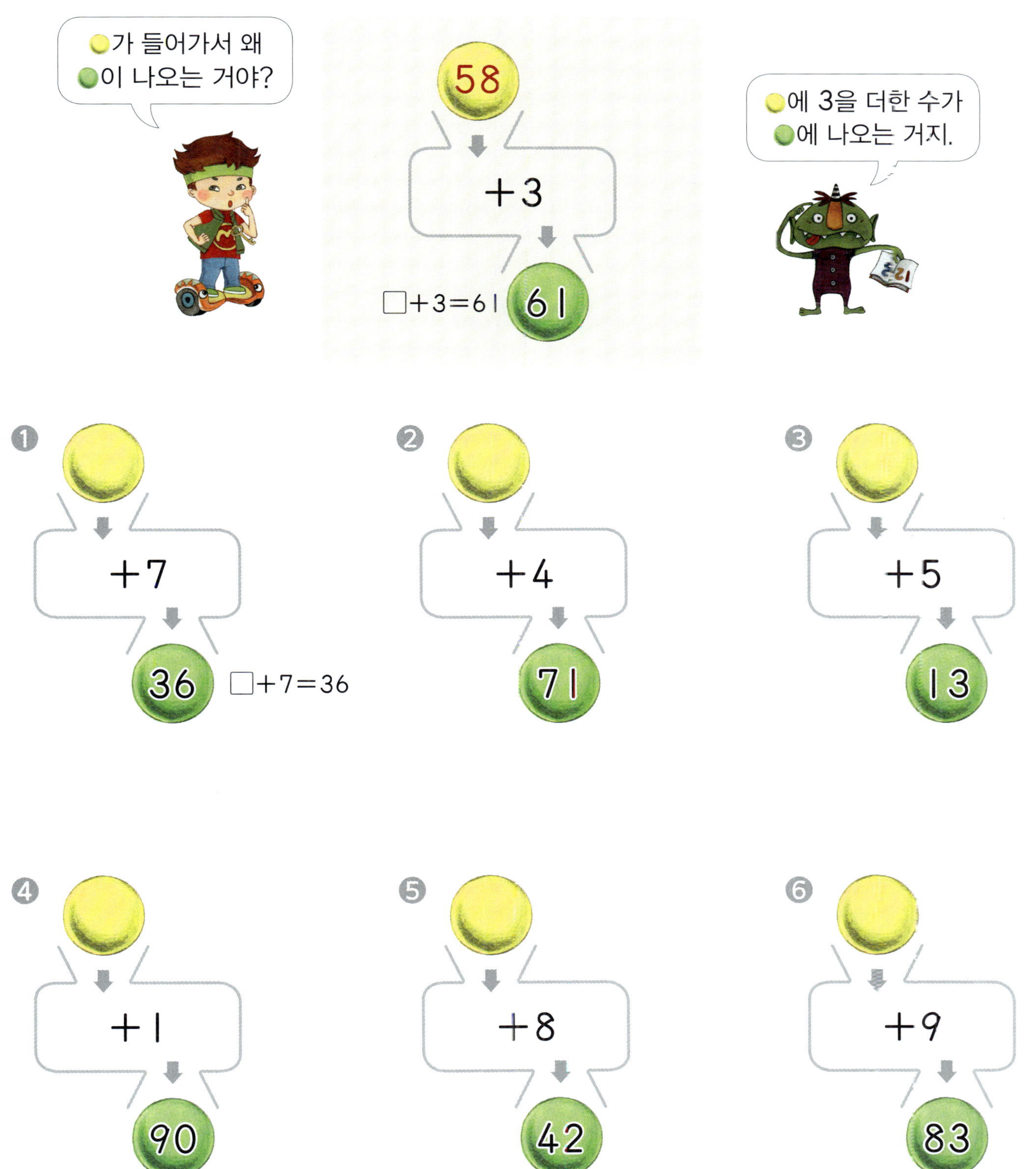

① +7 → 36   □+7=36

② +4 → 71

③ +5 → 13

④ +1 → 90

⑤ +8 → 42

⑥ +9 → 83

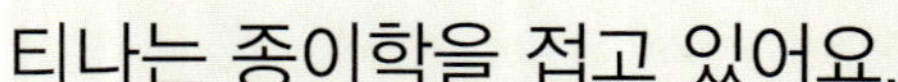

티나는 종이학을 접고 있어요.

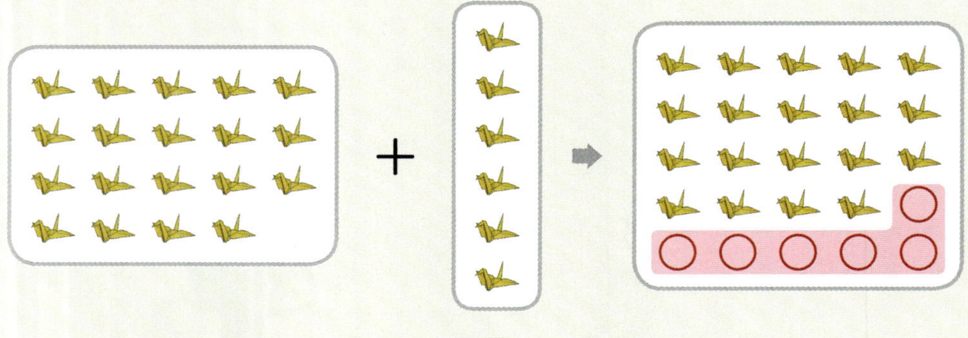

$$19 + \boxed{6} = 25$$

🌳 필요한 수만큼 █에 ○을 그리고 ☐ 안에 알맞은 수를 쓰세요.

❶

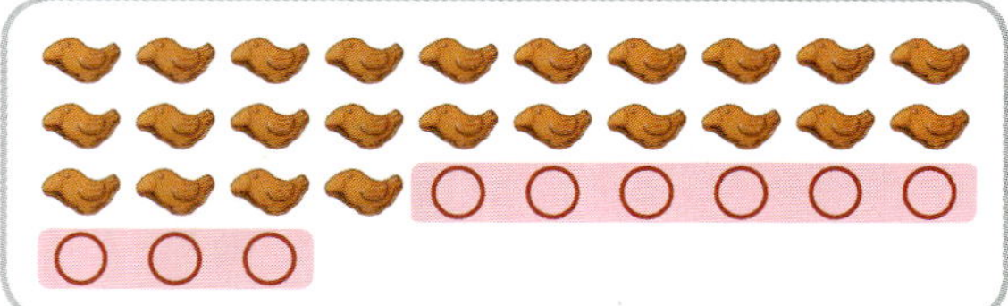

$$24 + \boxed{} = 33$$

❷

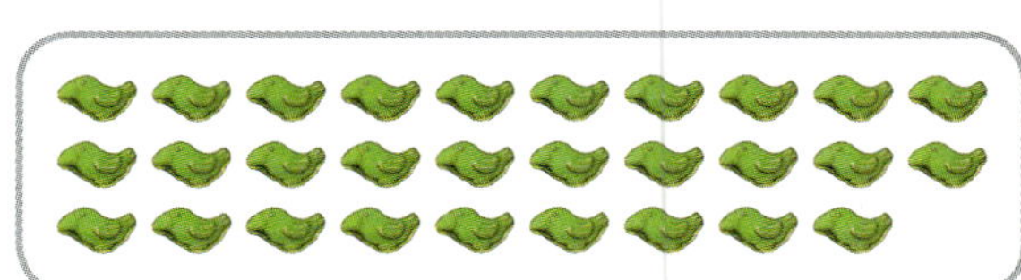

$$29 + \boxed{} = 37$$

❸

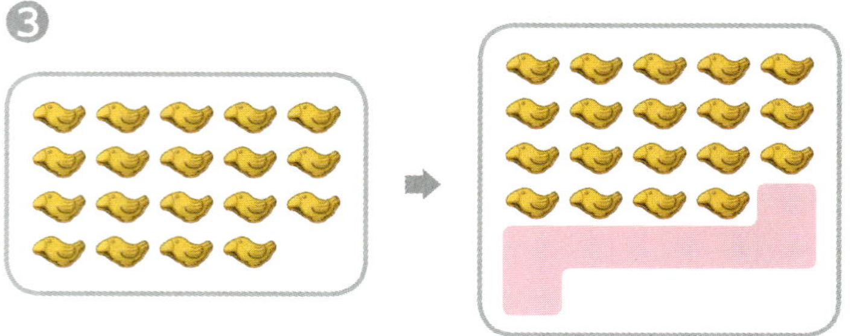

$$19 + \boxed{} = 26$$

두 수의 합이 ● 안의 수가 되도록 □ 안에 알맞은 수를 쓰세요.

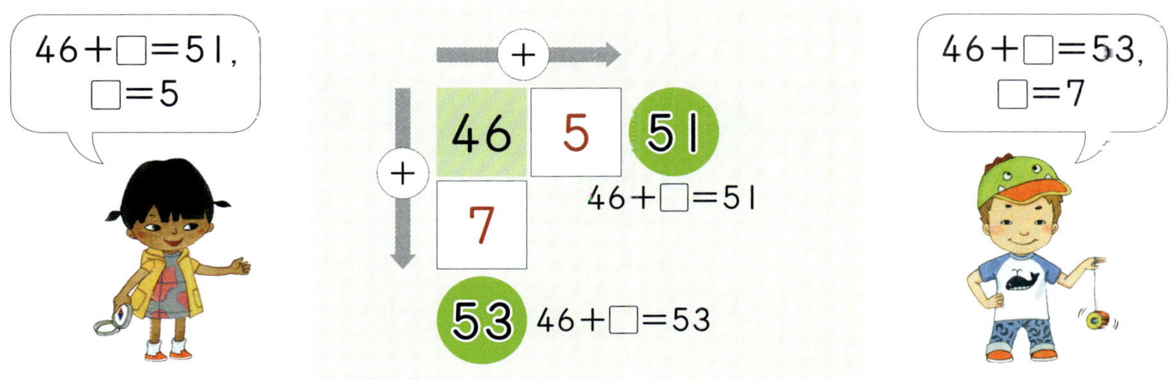
46+□=51, □=5
46
5
51
7
46+□=51
53
46+□=53
46+□=53, □=7

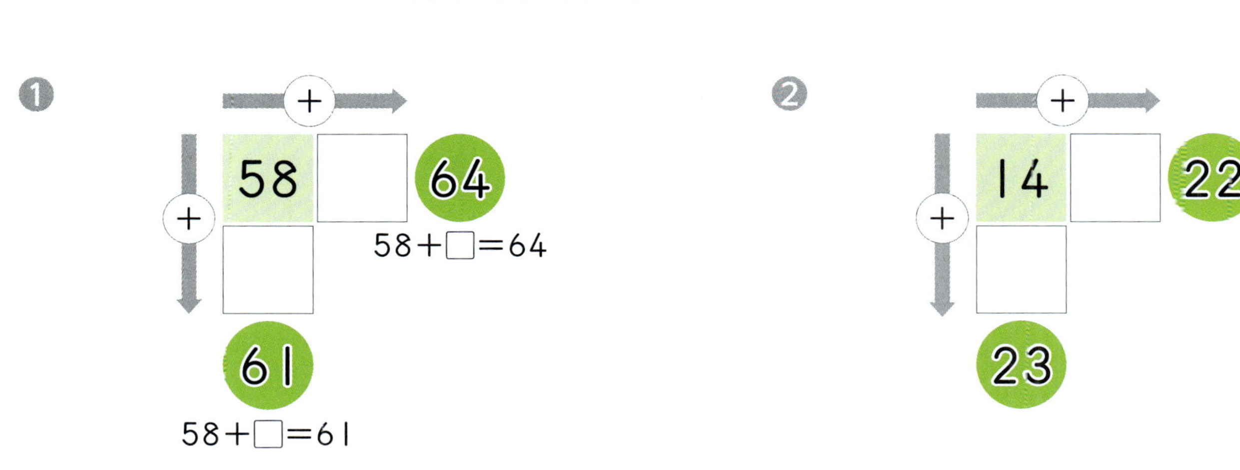
① 58 64
58+□=64
61
58+□=61
② 14 22
23

공부한 날
월
일

③ 85 93
90
④ 79 88
83

재미있는 계산 연습

자동차가 지나가야 할 길을 알아보려고 해요.

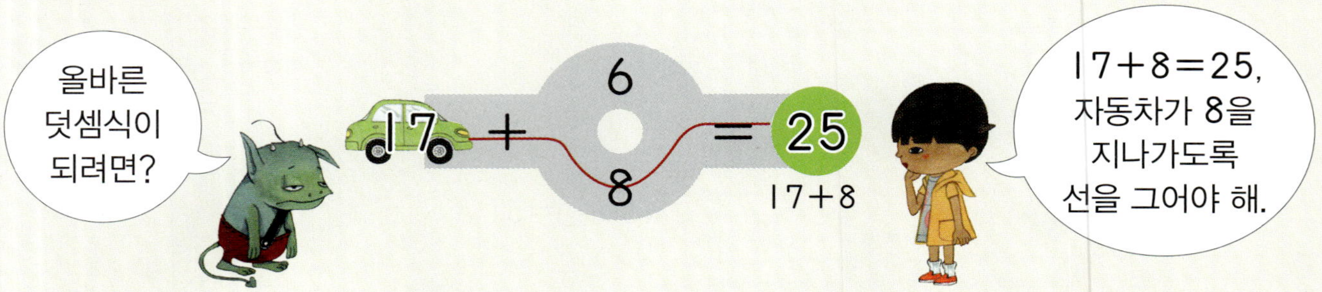

🌳 올바른 덧셈식이 되도록 자동차가 지나가는 길을 선으로 나타내세요.

❶

❷

❸

❹

❺

❻

33
52
44
60
24
27+6=33.
27+6과 33을
이어야지.
43+9
27+6
36+8
55+5
18+6

계산 결과가 같은 것끼리 선으로 이으세요.

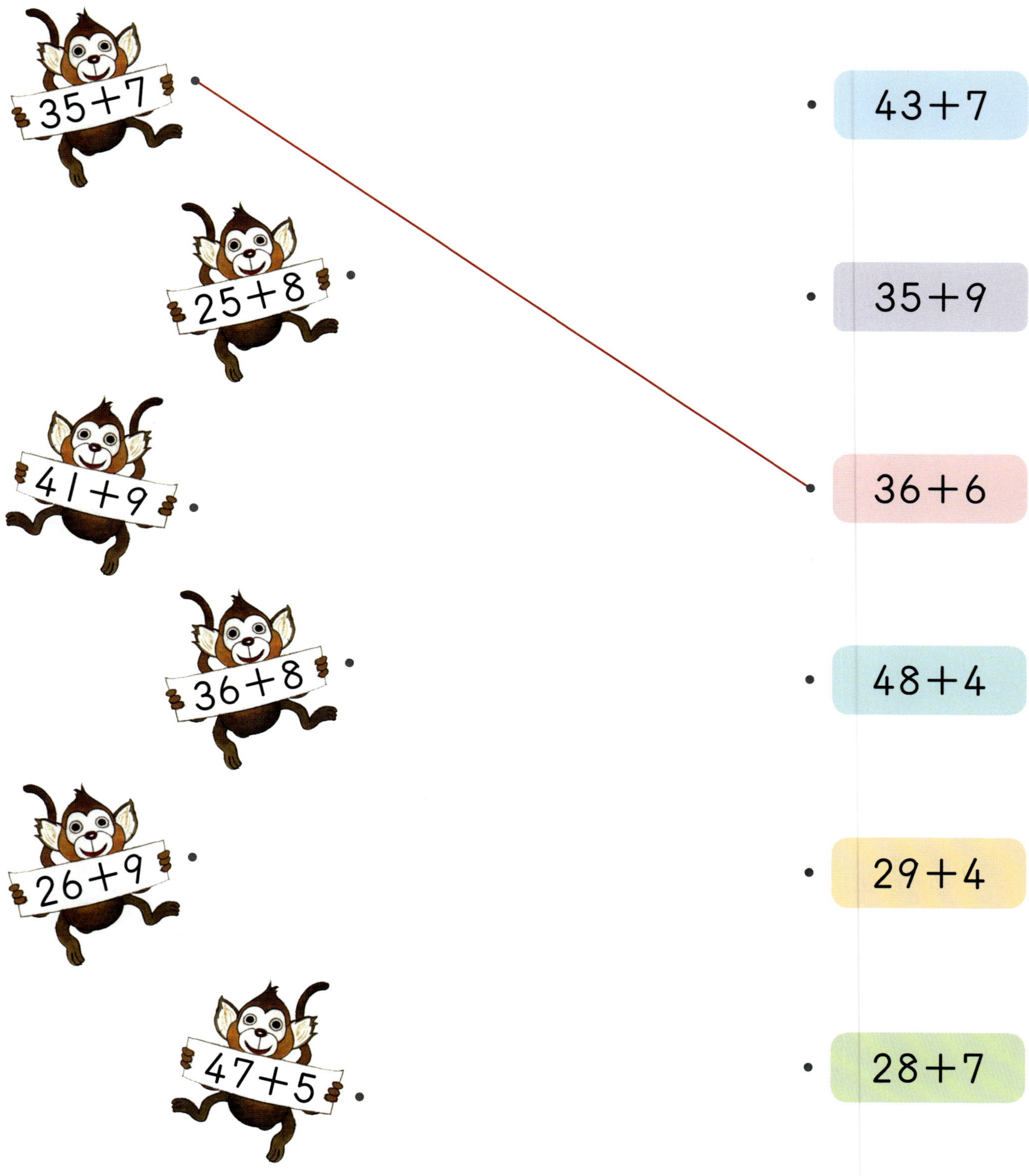

35+7
25+8
41+9
36+8
26+9
47+5
43+7
35+9
36+6
48+4
29+4
28+7

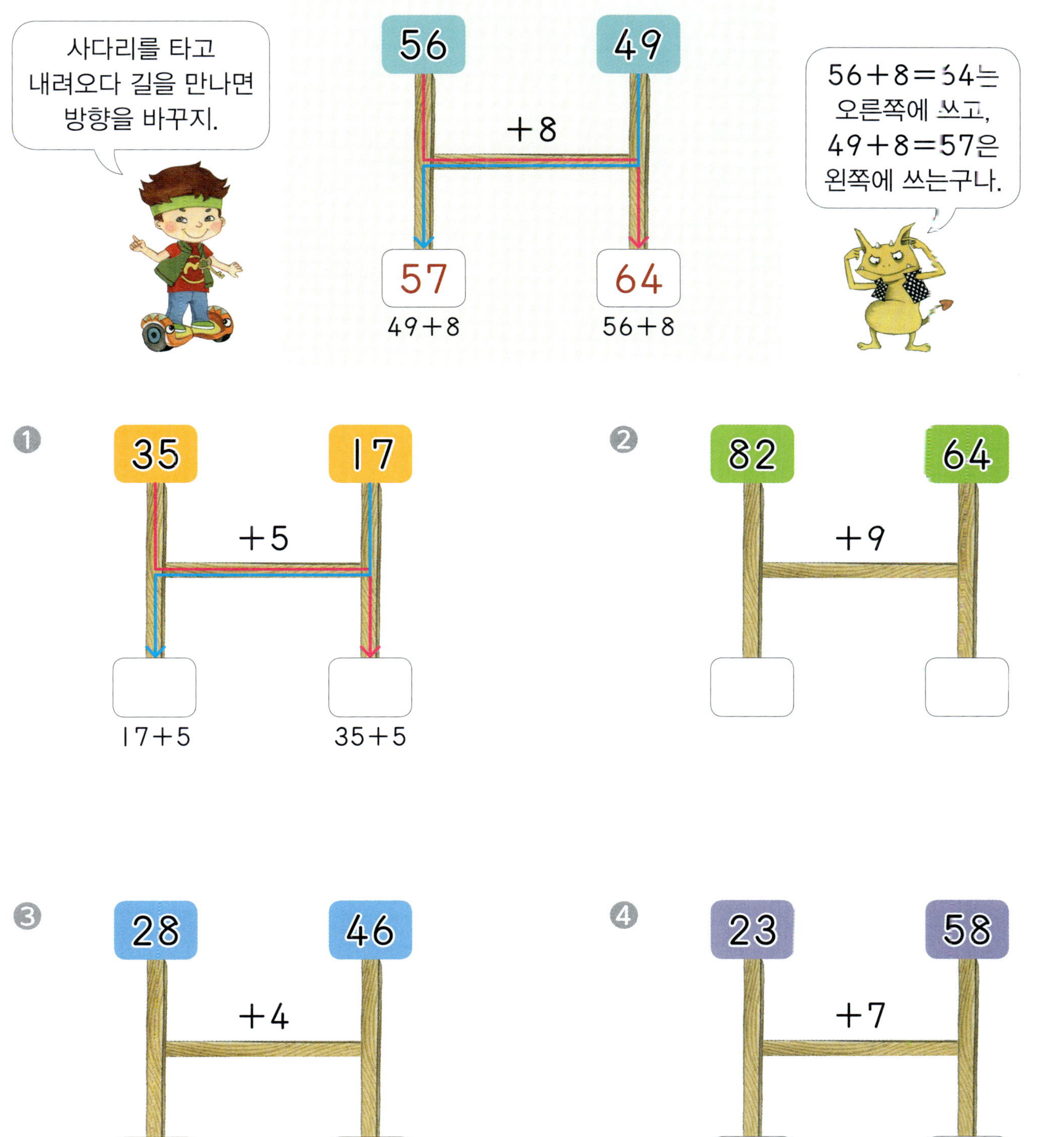

사다리를 타고 내려오다 길을 만나면 방향을 바꾸지.
56
49
+8
57
49+8
64
56+8
56+8=64는 오른쪽에 쓰고, 49+8=57은 왼쪽에 쓰는구나.
❶
35
17
+5
17+5
35+5
❷
82
64
+9
❸
28
46
+4
❹
23
58
+7
공부한 날
월
일

🌲 그림을 보고 덧셈을 하세요.

① 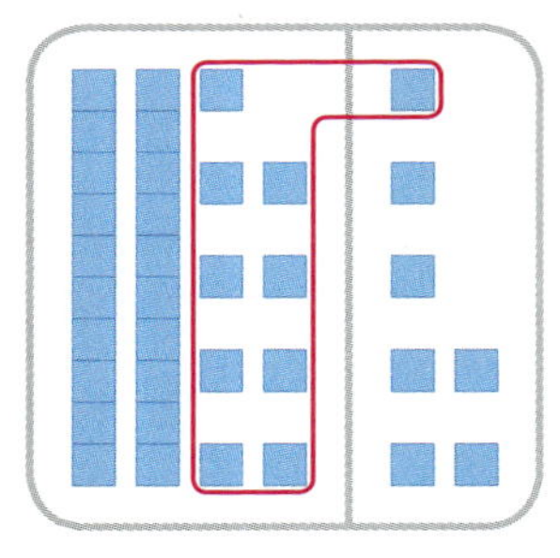

$$29 + 7 = \boxed{}$$

② 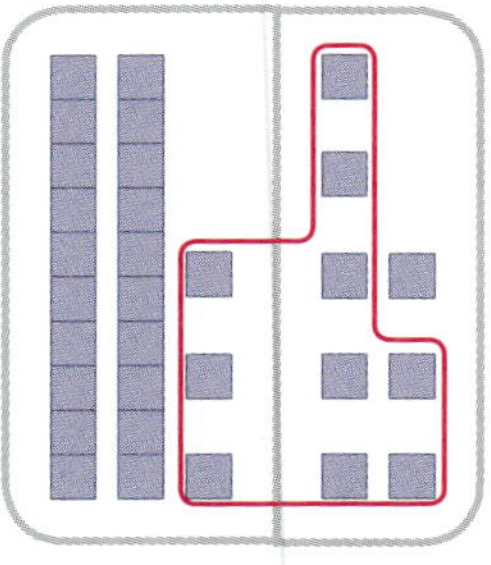

$$23 + 8 = \boxed{}$$

🌲 수직선을 보고 ☐ 안에 알맞은 수를 쓰세요.

③ 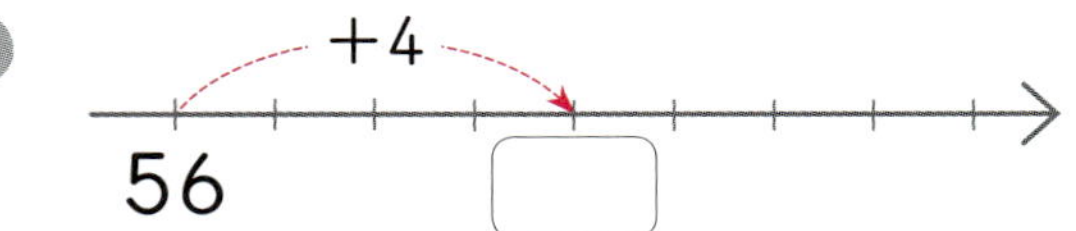

$$56 + 4 = \boxed{}$$

④ 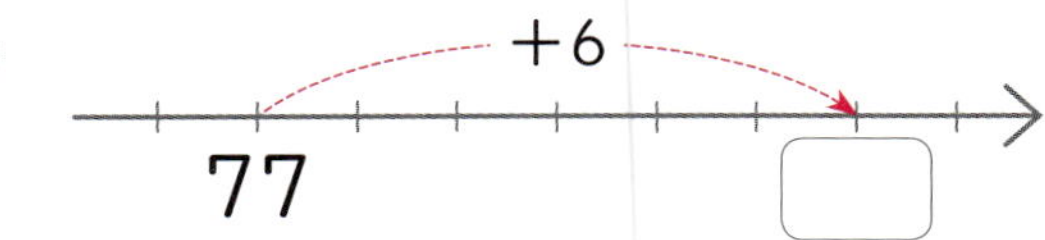

$$77 + 6 = \boxed{}$$

🌲 ☐ 안에 알맞은 수를 쓰세요.

⑤

$$\begin{array}{r} 8\ 5 \\ +\quad 9 \\ \hline \boxed{} \end{array}$$

⑥

$$\begin{array}{r} 4\ 7 \\ +\quad 3 \\ \hline \boxed{} \end{array}$$

⑦

$$\begin{array}{r} 2\ 9 \\ +\quad 6 \\ \hline \boxed{} \end{array}$$

🔺 에 알맞은 수를 쓰세요.

⑧ 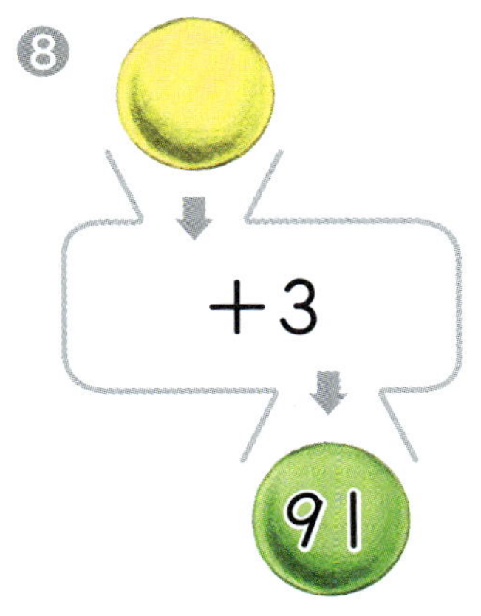

⑨ 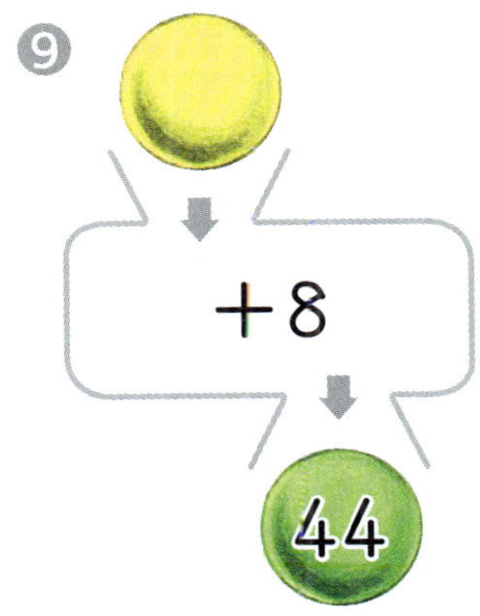

⑩ 

🔺 두 수의 합이 🔵 안의 수가 되도록 ☐ 안에 알맞은 수를 쓰세요.

⑪ 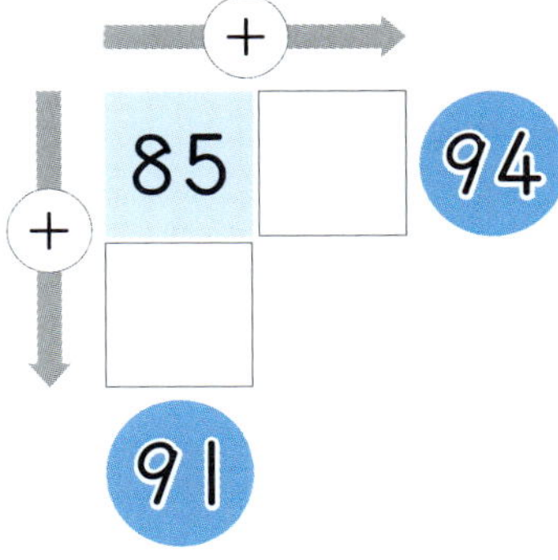

⑫ 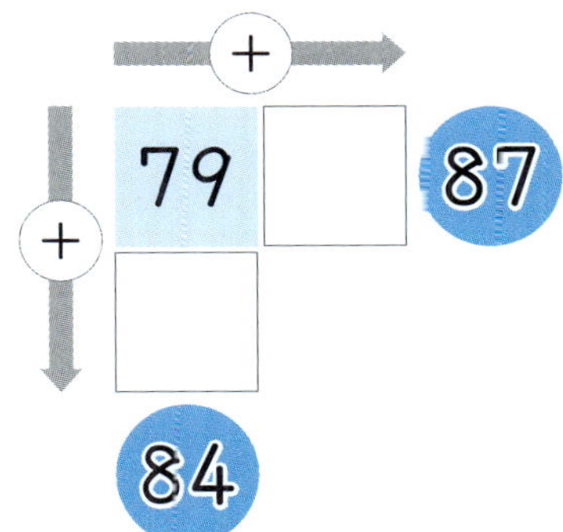

🔺 사다리 타기를 하여 덧셈을 하세요.

⑬ 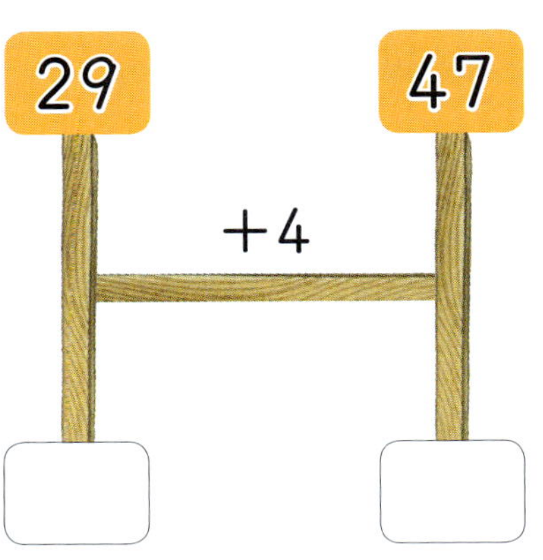

⑭ 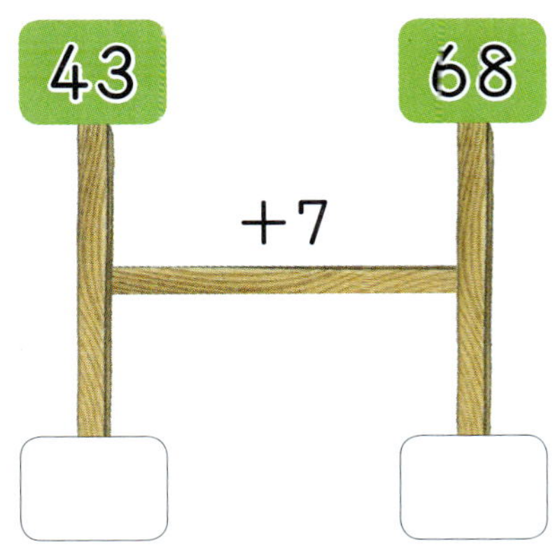

연산력 게임

QR코드를 찍으면 다양한 연산 게임을 할 수 있어요.

모두 몇일까요

연필은 모두 몇 자루일까요?

그림을 보고 덧셈을 하여 모두 몇 자루인지 오른쪽에서 알맞은 수를 골라 손가락으로 눌러 주세요.
31을 누르면 정답입니다.

덧셈식을 풀어 볼까요?

시작 버튼을 누르면 게임기 화면에 덧셈식이 나와요. 덧셈을 하여 아래쪽에서 알맞은 수를 골라 손가락으로 눌러 주세요.
64를 누르면 정답입니다.

손잡이를 내려 봐요

십, 몇십 만들어 계산하기 

▶ 연산 보충 학습(106~107쪽)에서 더 풀어 보세요.

학부모 지도 가이드

'15+8'과 '58+5'와 같이 (두 자리 수)+(한 자리 수)를 공부합니다. 한 자리 수를 10으로 만들거나 두 자리 수를 몇십으로 만들어 계산하는 방법을 배웁니다.

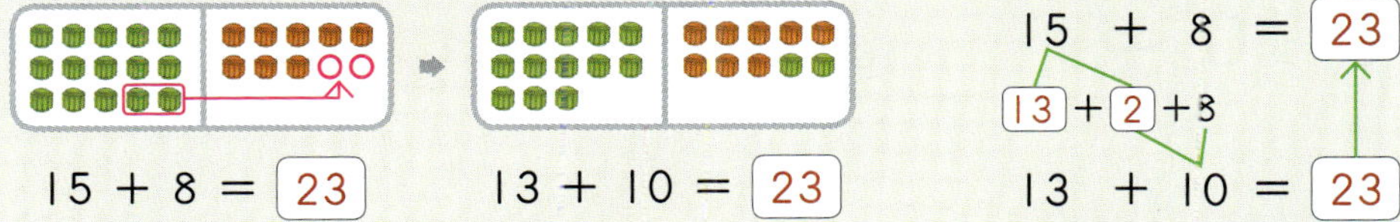

아이들이 십이나 몇십을 만들기 위해 수 가르기를 하는 것을 이해하고 (몇십 몇)+(몇)의 계산을 능숙하게 할 수 있도록 지도합니다.

311 더하기 10

큐리는 수 배열표를 사용하여 더하기 10을 하려고 해요.

31	32	33	34	35	36	37	38	39	40
41	42	43	44	45	46	47	48	49	50
51	52	53	54	55	56	57	58	59	60
61	62	63	64	65	66	67	68	69	70
71	72	73	74	75	76	77	78	79	80
81	82	83	84	85	86	87	88	89	90
91	92	93	94	95	96	97	98	99	100

+10

+10

$$31 + 10 = \boxed{41}$$

$$45 + 10 = \boxed{55}$$

🌳 위의 수 배열표를 보고 더하기 10을 하세요.

① 59 + 10 =

② 63 + 10 =

③ 71 + 10 =

④ 80 + 10 =

⑤ 84 + 10 =

⑥ 87 + 10 =

● □ 안에 알맞은 수를 쓰세요.

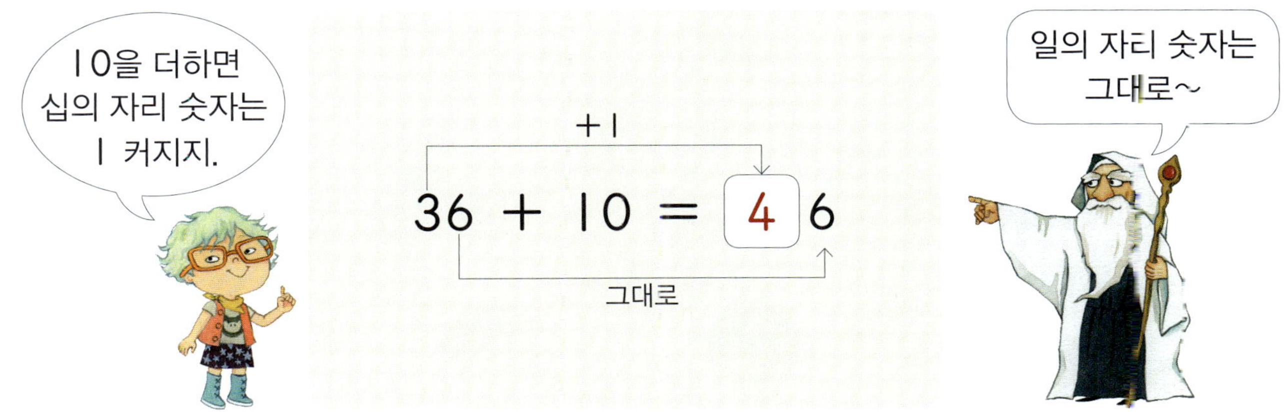

+1
❶ 13 + 10 = ☐3

그대로
❷ 52 + 10 = 6☐

❸ 87 + 10 = ☐7

❹ 61 + 10 = 7☐

❺ 44 + 10 = ☐4

❻ 75 + 10 = 8☐

❼ 28 + 10 = ☐8

❽ 30 + 10 = 4☐

티나는 사탕의 수를 알아보려고 해요.

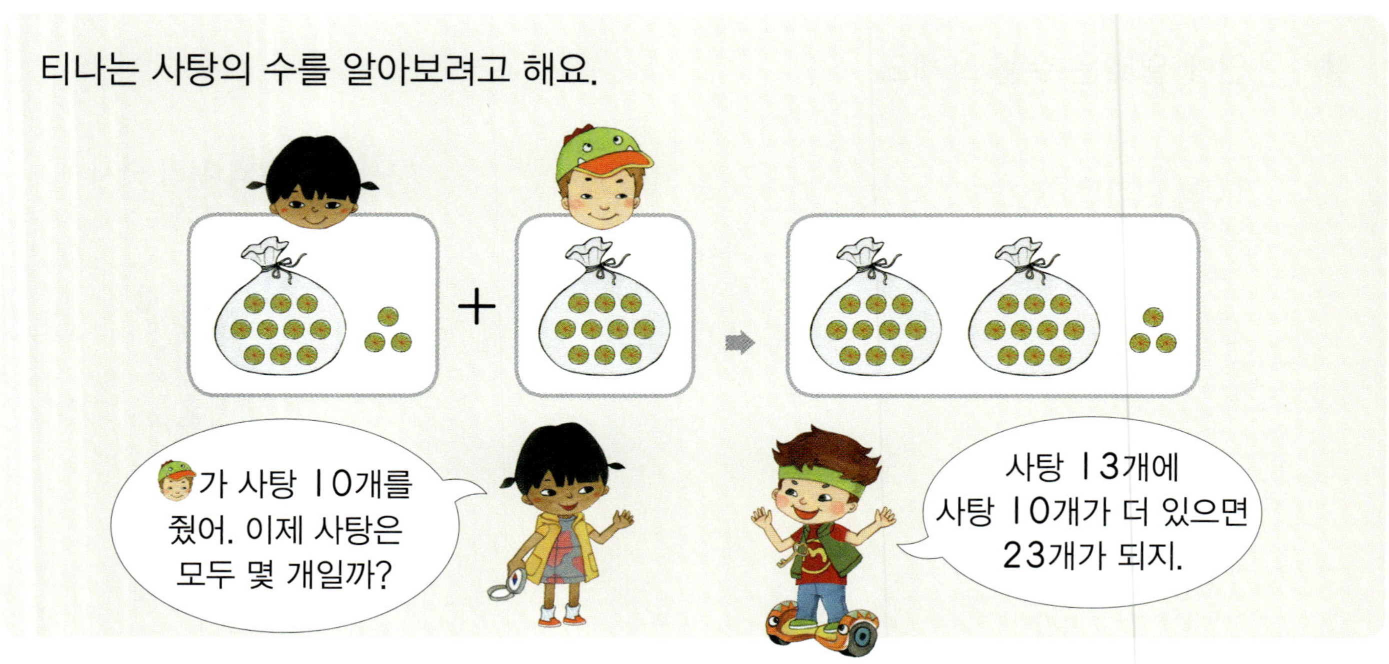

그림을 보고 ☐ 안에 알맞은 수를 쓰세요.

① 16 + 10 = ☐

② 34 + 10 = ☐

③ 28 + 10 = ☐

🌳 □ 안에 알맞은 수를 쓰세요.

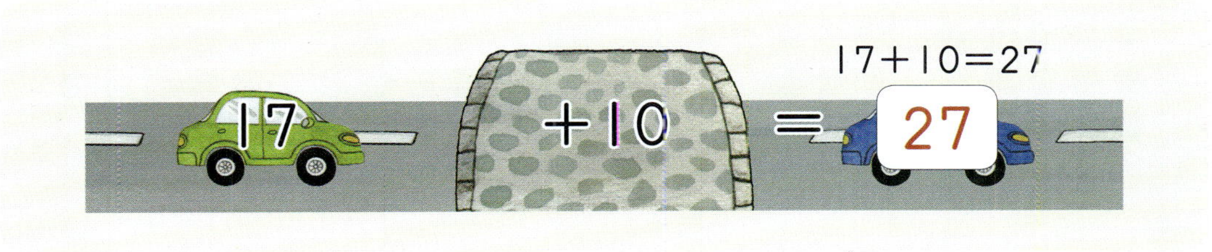

17 + 10 = 27

17 +10 = **27**

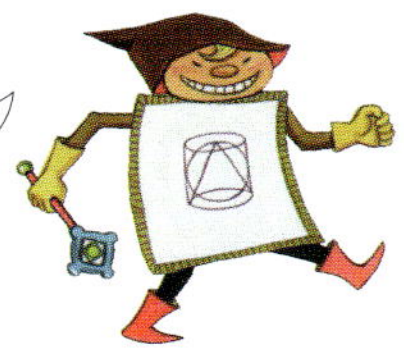

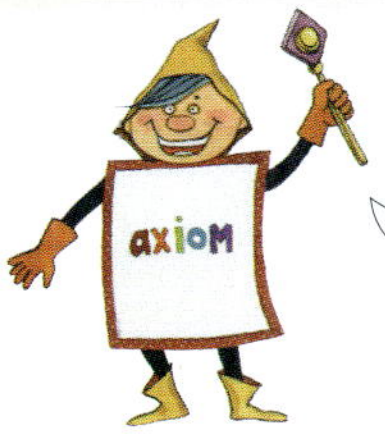

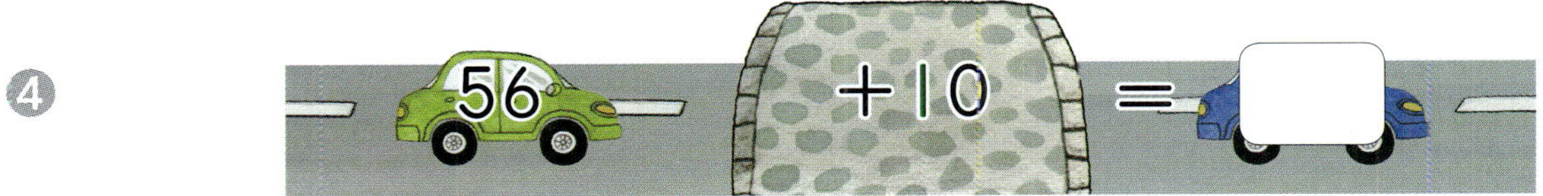

① 68 +10 =

② 35 +10 =

③ 41 +10 =

④ 56 +10 =

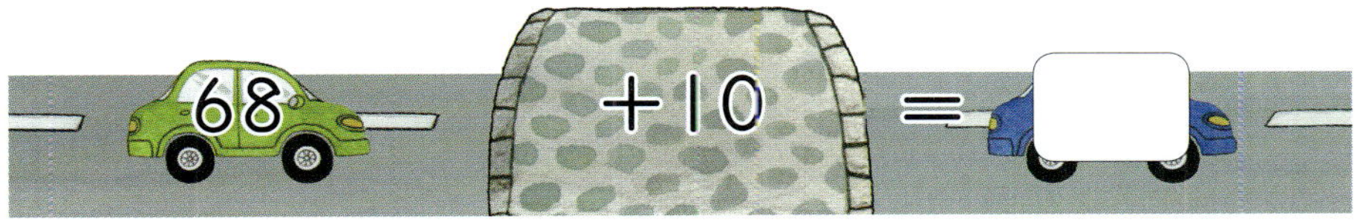

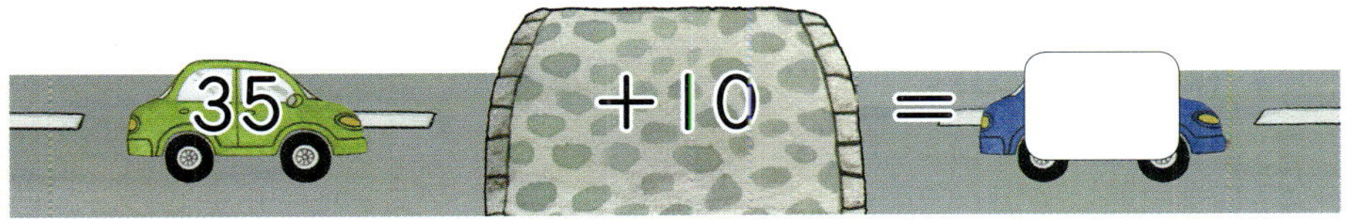

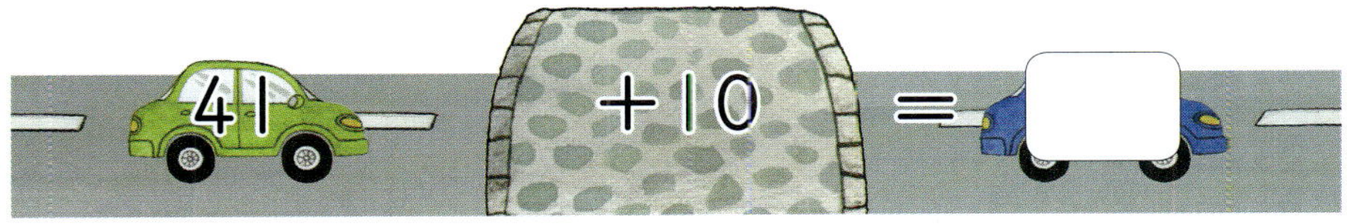

10 만들어 계산하기

현우가 티나의 공깃돌을 가져갔어요.

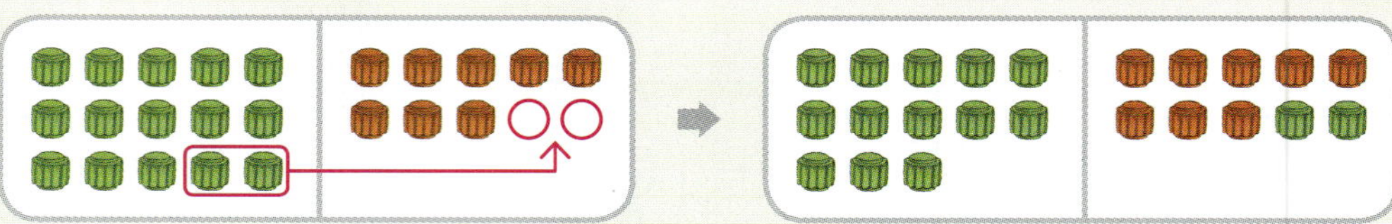

$15 + 8 = \boxed{23}$

$13 + 10 = \boxed{23}$

🌳 그림을 보고 덧셈을 하세요.

① 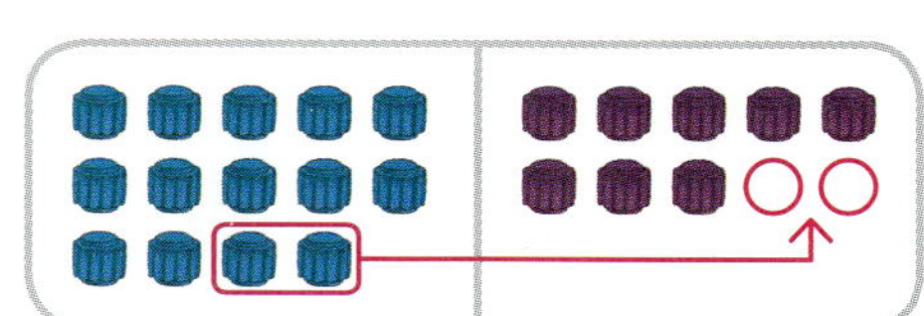

$14 + 8 = \boxed{}$

② 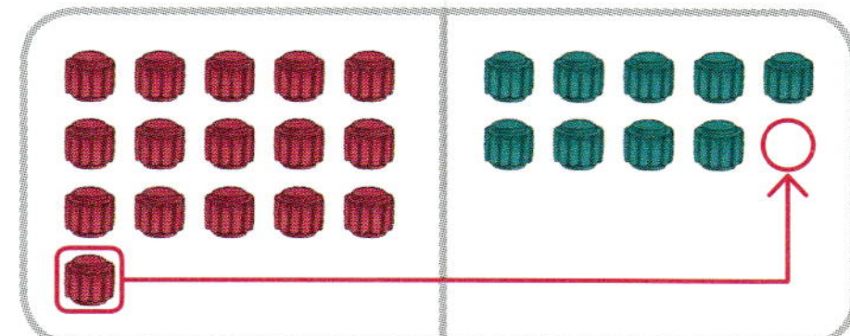

$16 + 9 = \boxed{}$

③ 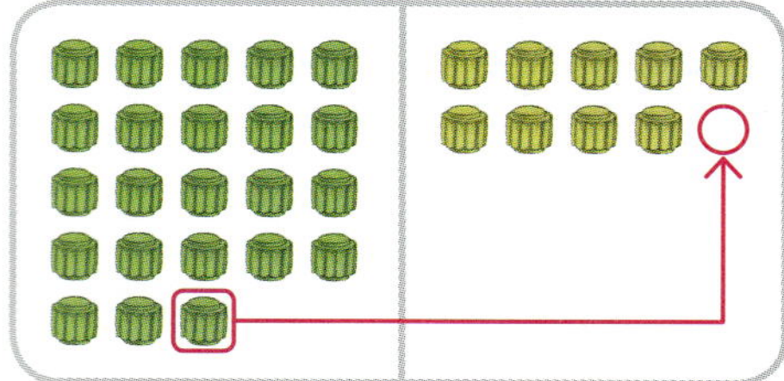

$23 + 9 = \boxed{}$

④ 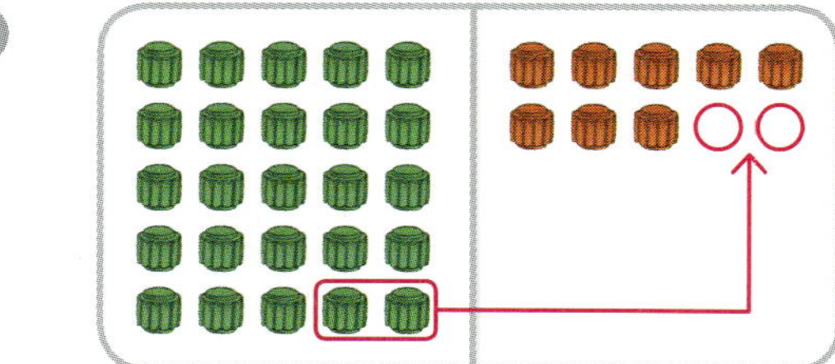

$25 + 8 = \boxed{}$

$$34 + 8 = \boxed{32} + 10 = \boxed{42}$$

❶ $45 + 9 = \boxed{} + 10 = \boxed{}$

❷ $24 + 7 = \boxed{} + 10 = \boxed{}$

❸ $52 + 8 = \boxed{} + 10 = \boxed{}$

❹ $33 + 9 = \boxed{} + 10 = \boxed{}$

❺ $16 + 8 = \boxed{} + 10 = \boxed{}$

태돌이와 큐리는 두 종류의 테이프를 이어 붙이고 있어요.

🌳 그림을 보고 ☐ 안에 알맞은 수를 쓰세요.

❶

$$17 + 8 = \boxed{}$$
$$-2 \qquad +2$$
$$15 + 10 = \boxed{}$$

❷

$$23 + 9 = \boxed{}$$
$$-1 \qquad +1$$
$$22 + 10 = \boxed{}$$

$$24 + 7 = 31$$
$$21 + 10 = 31$$

(−3, +3)

❶
$$35 + 9 = \boxed{}$$
$$\boxed{} + \boxed{} = \boxed{}$$
(−1, +1)

❷
$$43 + 8 = \boxed{}$$
$$\boxed{} + \boxed{} = \boxed{}$$
(−2, +2)

❸
$$14 + 8 = \boxed{}$$
$$\boxed{} + \boxed{} = \boxed{}$$
(−2, +2)

❹
$$75 + 7 = \boxed{}$$
$$\boxed{} + \boxed{} = \boxed{}$$
(−3, +3)

❺
$$62 + 9 = \boxed{}$$
$$\boxed{} + \boxed{} = \boxed{}$$
(−1, +1)

❻
$$86 + 9 = \boxed{}$$
$$\boxed{} + \boxed{} = \boxed{}$$
(−1, +1)

몇십 만들어 계산하기

🌳 그림을 보고 ☐ 안에 알맞은 수를 쓰세요.

❶
18 + 5 = ☐
+2
-2
20 + 3

❷
29 + 3 = ☐
+1
-1
30 + 2

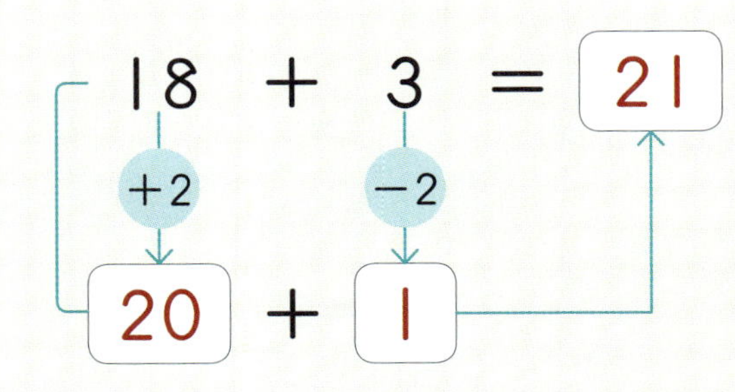

① 29 + 5 = ☐
+1   −1
☐ + ☐

② 58 + 6 = ☐
+2   −2
☐ + ☐

③ 77 + 4 = ☐
+3   −3
☐ + ☐

④ 89 + 2 = ☐
+1   −1
☐ + ☐

⑤ 68 + 4 = ☐
+2   −2
☐ + ☐

⑥ 49 + 4 = ☐
+1   −1
☐ + ☐

현우는 구슬을 더 넣은 다음 주머니 속 구슬의 수를 구하려고 해요.

🌳 두 자리 수를 몇십으로 만들어 덧셈을 하세요.

❶ 59 + 2 = ☐ + ☐ = ☐

❷ 47 + 5 = ☐ + ☐ = ☐

❸ 38 + 6 = ☐ + ☐ = ☐

$$19 + 6 = \boxed{20} + \boxed{5} = \boxed{25}$$

+1   −1

① $29 + 7 = \boxed{} + \boxed{} = \boxed{}$

② $18 + 3 = \boxed{} + \boxed{} = \boxed{}$

③ $37 + 6 = \boxed{} + \boxed{} = \boxed{}$

④ $26 + 5 = \boxed{} + \boxed{} = \boxed{}$

⑤ $47 + 7 = \boxed{} + \boxed{} = \boxed{}$

⑥ $28 + 5 = \boxed{} + \boxed{} = \boxed{}$

공부한 날

월

일

십, 몇십 만들어 계산하기

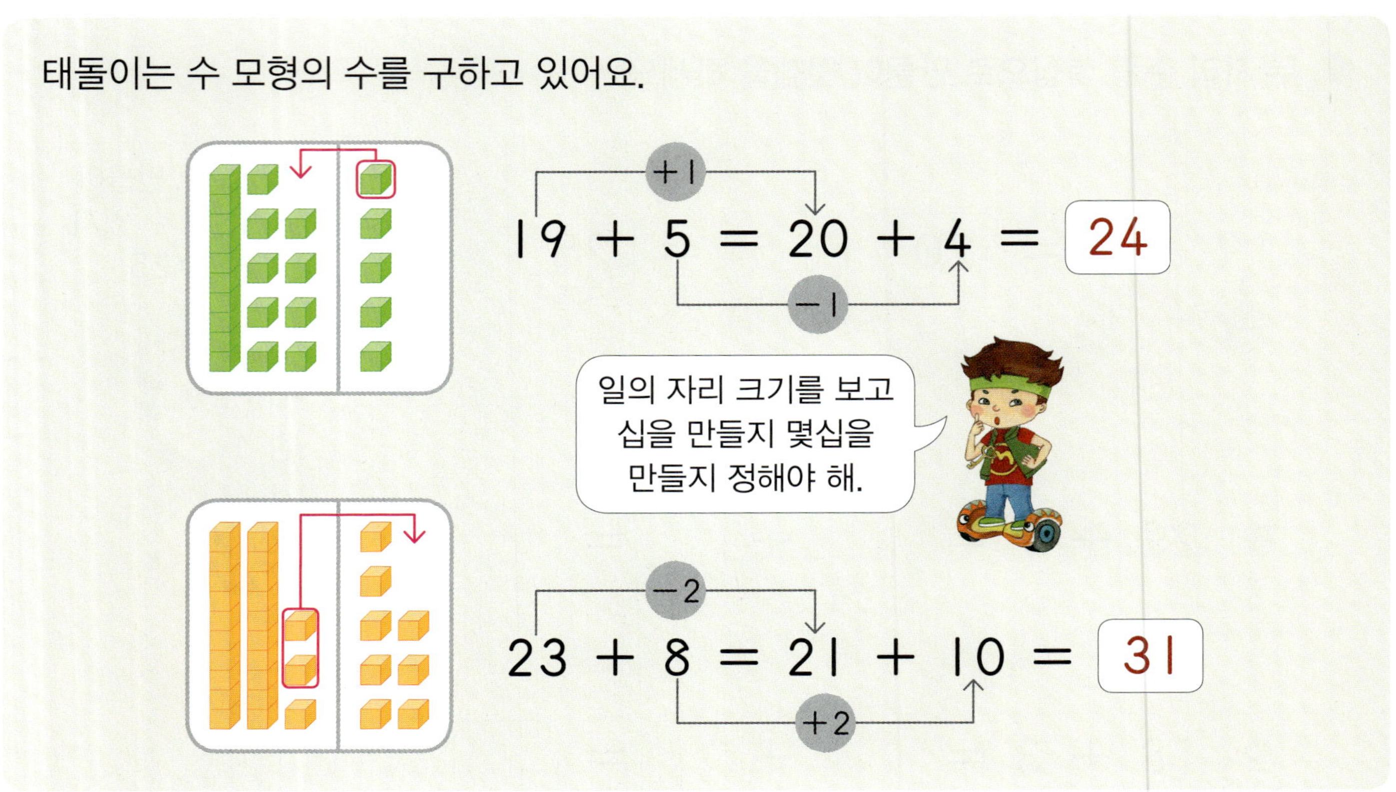

🌳 그림을 보고 십 또는 몇십을 만들어 덧셈을 하세요.

❶

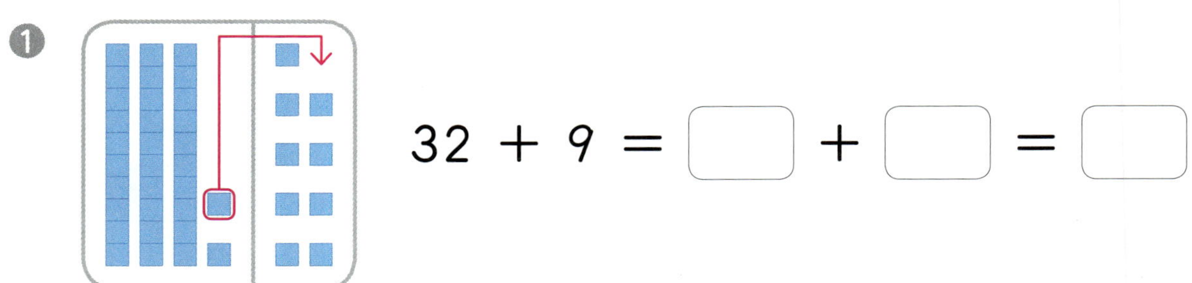

$$32 + 9 = \boxed{} + \boxed{} = \boxed{}$$

❷

$$17 + 4 = \boxed{} + \boxed{} = \boxed{}$$

🌳 관계있는 것끼리 선으로 이으세요.

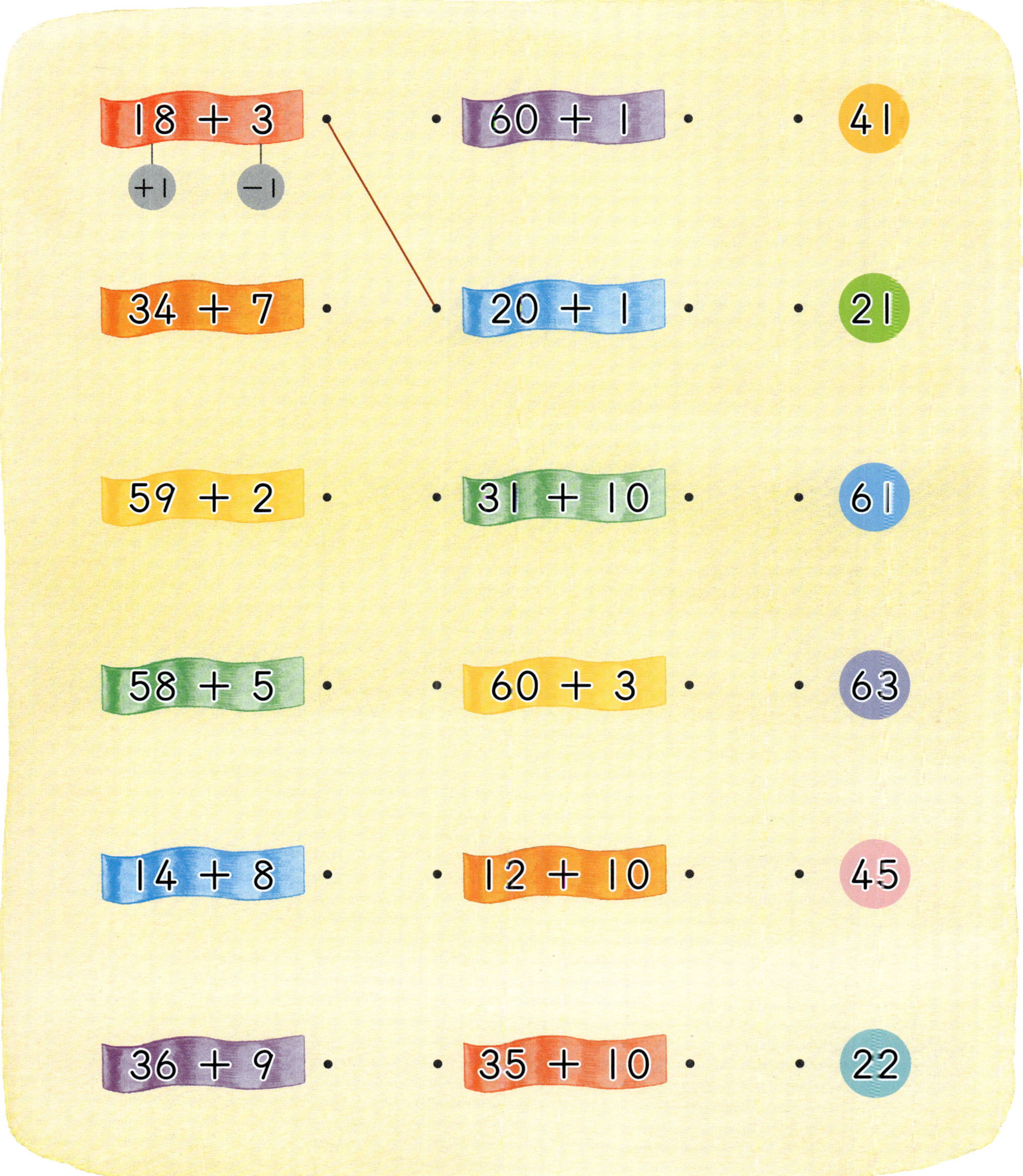

태돌이와 큐리는 가르기와 모으기를 하여 덧셈을 하려고 해요.

$$45 + 8 = \boxed{53}$$

$$\boxed{43} + \boxed{2} + 8$$

$$43 + 10 = \boxed{53}$$

🌳 가르기와 모으기를 하여 ☐ 안에 알맞은 수를 쓰세요.

❶ $53 + 9 = \boxed{}$

$\boxed{} + \boxed{} + 9$

$52 + 10 = \boxed{}$

❷ $27 + 4 = \boxed{}$

$27 + \boxed{} + \boxed{}$

$30 + 1 = \boxed{}$

❸ $74 + 8 = \boxed{}$

$\boxed{} + \boxed{} + 8$

$72 + 10 = \boxed{}$

❹ $89 + 3 = \boxed{}$

$89 + \boxed{} + \boxed{}$

$90 + 2 = \boxed{}$

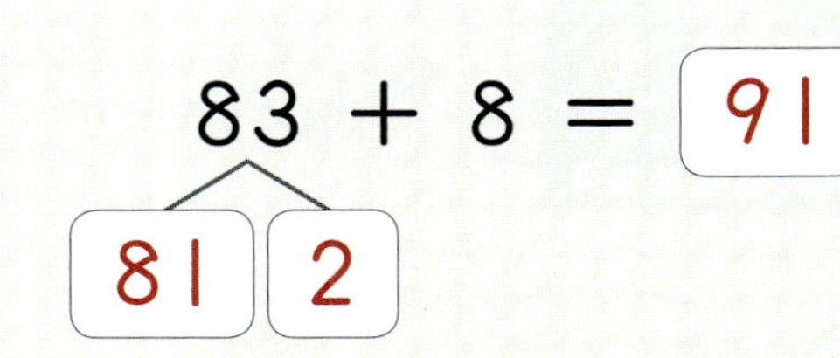

$$83 + 8 = \boxed{91} \qquad 39 + 4 = \boxed{43}$$

$\boxed{81}\ \boxed{2} \qquad\qquad\qquad \boxed{1}\ \boxed{3}$

① $55 + 7 = \boxed{}$
$\boxed{}\ \boxed{3}$

② $68 + 3 = \boxed{}$
$\boxed{2}\ \boxed{}$

③ $46 + 9 = \boxed{}$
$\boxed{}\ \boxed{}$

④ $17 + 5 = \boxed{}$
$\boxed{}\ \boxed{}$

⑤ $24 + 8 = \boxed{}$
$\boxed{}\ \boxed{}$

⑥ $79 + 5 = \boxed{}$
$\boxed{}\ \boxed{}$

⑦ $82 + 9 = \boxed{}$
$\boxed{}\ \boxed{}$

⑧ $38 + 4 = \boxed{}$
$\boxed{}\ \boxed{}$

십, 몇십 만들어 덧셈 연습하기

티나와 현우는 막대를 나란히 놓았어요.

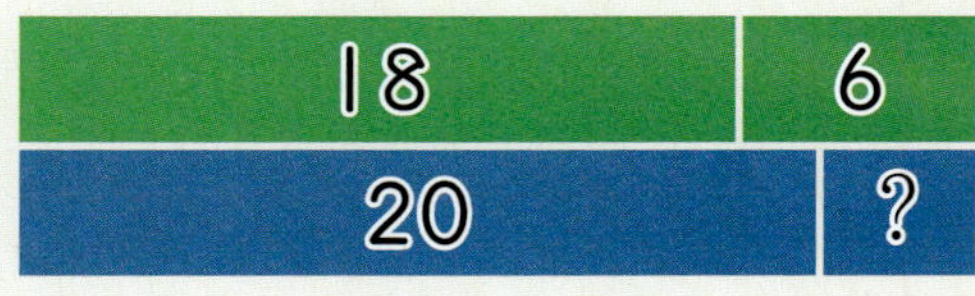

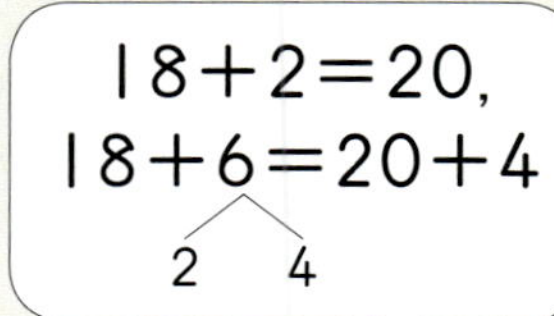

$$18 + 6 = 20 + \boxed{4}$$
$$= \boxed{24}$$

🌳 그림을 보고 ☐ 안에 알맞은 수를 쓰세요.

①

32	9
?	10

$$32 + 9 = \boxed{} + 10$$
$$31 \quad 1$$
$$= \boxed{41}$$

②

8	27
10	?

$$8 + 27 = 10 + \boxed{}$$
$$= \boxed{}$$

③

6	19
?	20

$$6 + 19 = \boxed{} + 20$$
$$= \boxed{}$$

④

28	7
30	?

$$28 + 7 = 30 + \boxed{}$$
$$= \boxed{}$$

식의 계산 결과와 합이 같은 두 수를 찾아 ∨표 하세요.

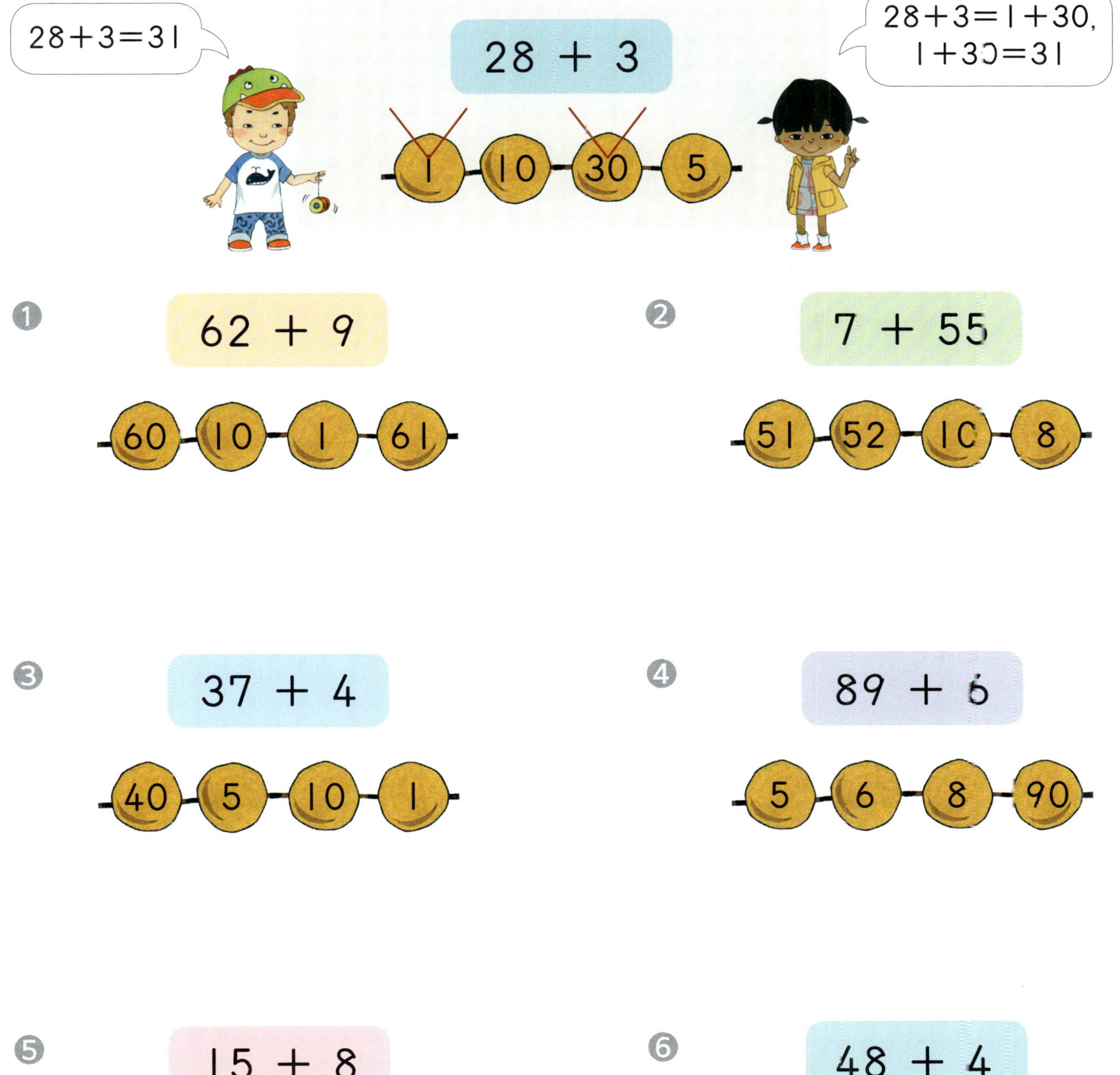
28+3=31
28+3=1+30,
1+30=31
28 + 3
1   10   30   5
1
62 + 9
60   10   1   61
2
7 + 55
51   52   10   8
3
37 + 4
40   5   10   1
4
89 + 6
5   6   8   90
5
15 + 8
13   10   5   4
6
48 + 4
10   50   40   2

멀린이 수학 요정과 함께 가로, 세로에 놓인 두 수의 합을 구하고 있어요.

18+5를 아래에
46+5를 오른쪽에
쓰는 거야.

	18	
46	5	51
	23	

18+5=23,
46+5=51

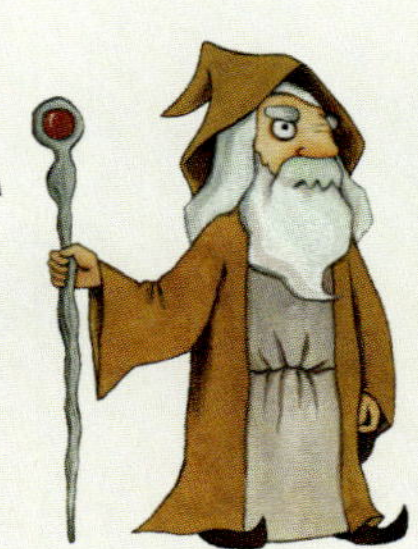

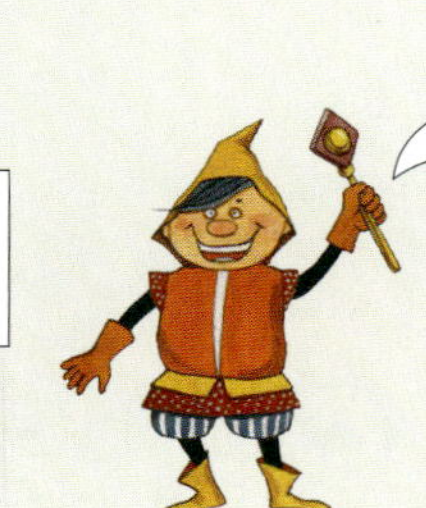

가로, 세로에 놓인 두 수의 합을 빈칸에 쓰세요.

❶

	4		
3	67		3+67
	4+67		

❷

	4	
8	47	

❸

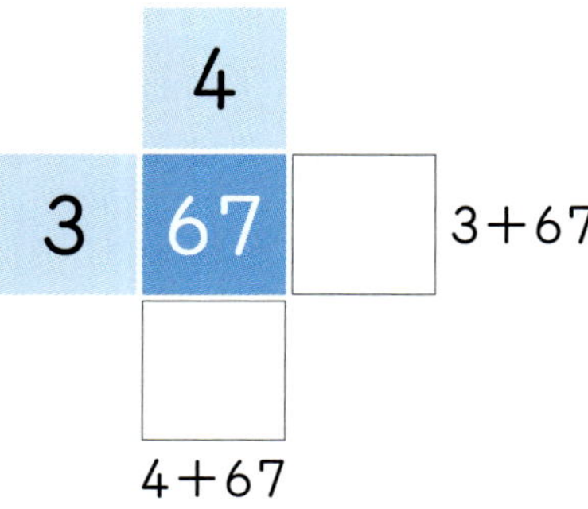

	77	
37	6	

❹

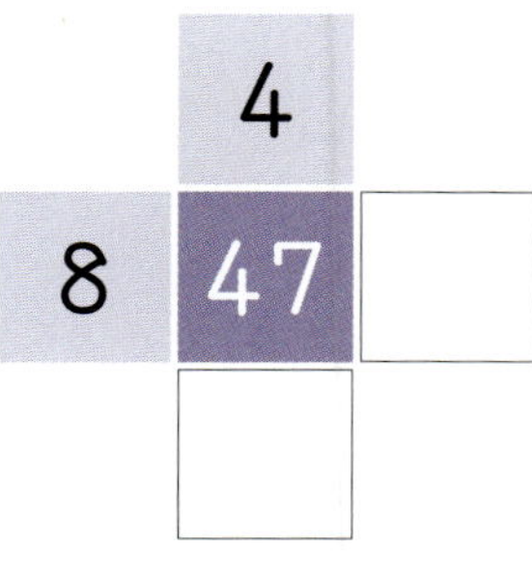

	5	
6	58	

❺

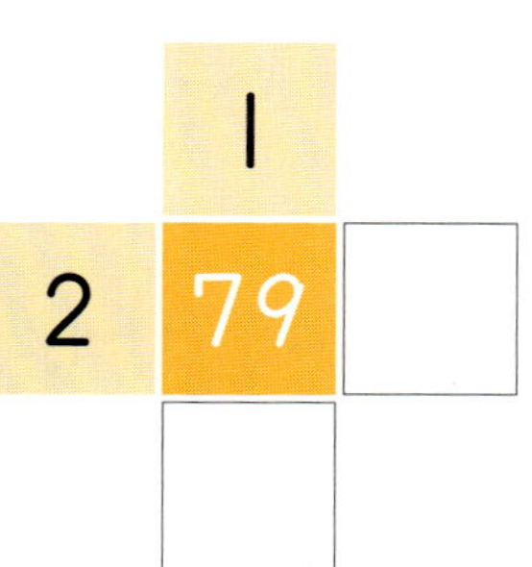

	1	
2	79	

❻

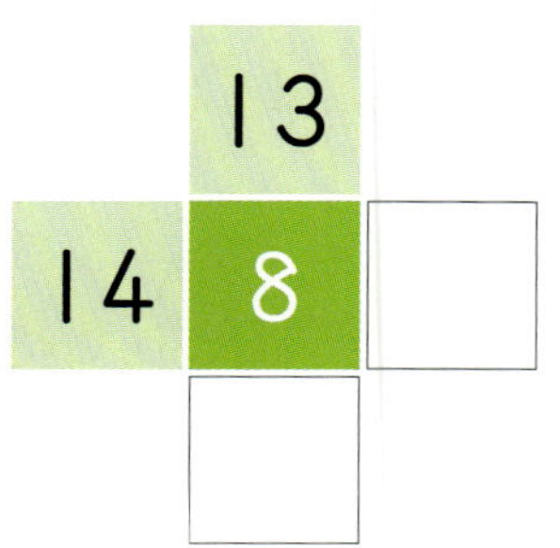

	13	
14	8	

합이 ● 안의 수가 되는 두 수를 찾아 색칠하세요.

5 3 40 37
43
80 79 1 3
81
6 50 5 59
65
4 62 68 8
72
6 18 10 15
28
29 30 4 5
33
29＋4＝33

공부한 날
월
일

무엇을 배웠을까요

▲ 그림을 보고 □ 안에 알맞은 수를 쓰세요.

❶  + 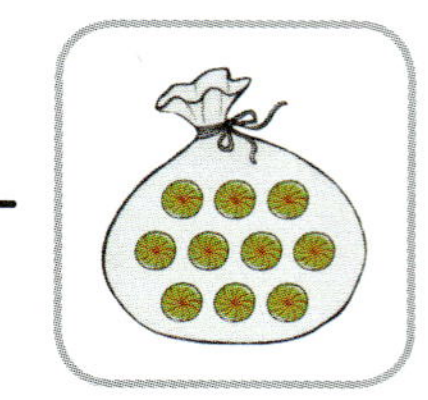   27 + 10 = □

❷ 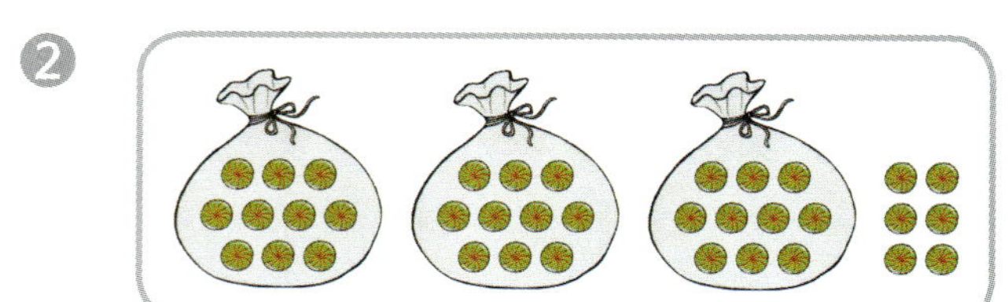 + □   36 + 10 = □

▲ 한 자리 수를 10으로 만들어 □ 안에 알맞은 수를 쓰세요.

❸ 62 + 8 = □ + 10 = □

❹ 53 + 9 = □ + 10 = □

▲ 한 자리 수를 10으로 만들어 덧셈을 하세요.

❺ 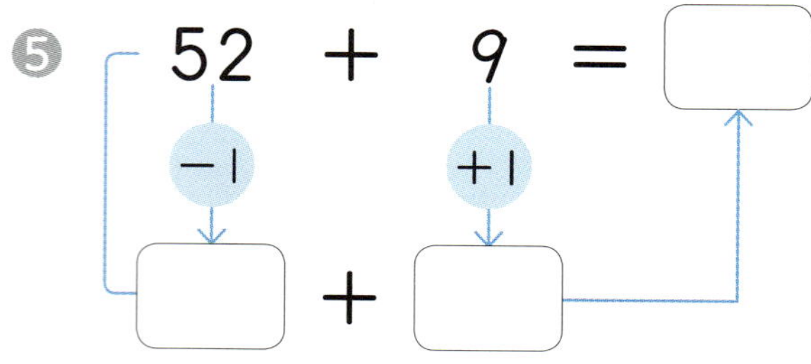

❻ 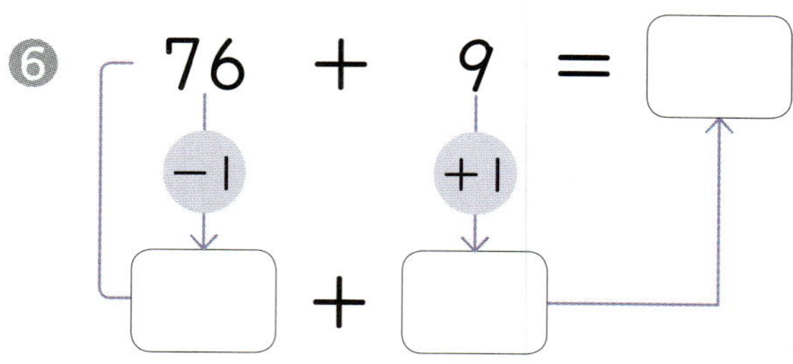

🌲 두 자리 수를 몇십으로 만들어 덧셈을 하세요.

⑦ 

$$27 + 5 = \boxed{} + \boxed{} = \boxed{}$$

⑧ 

$$58 + 6 = \boxed{} + \boxed{} = \boxed{}$$

🌲 가르기와 모으기를 하여 ☐ 안에 알맞은 수를 쓰세요.

⑨ 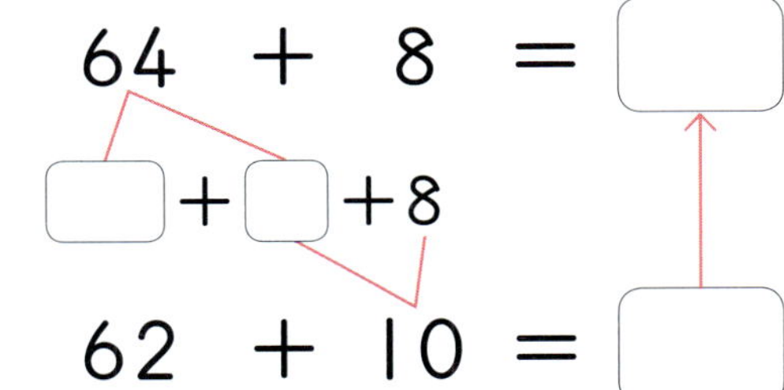

$$64 + 8 = \boxed{}$$
$$\boxed{} + \boxed{} + 8$$
$$62 + 10 = \boxed{}$$

⑩
$$79 + 3 = \boxed{}$$
$$79 + \boxed{} + \boxed{}$$
$$80 + 2 = \boxed{}$$

🌲 가로, 세로에 놓인 두 수의 합을 빈칸에 쓰세요.

⑪ 

⑫ 

연산력 게임

QR코드를 찍으면 다양한 연산 게임을 할 수 있어요.

블록 맞추기

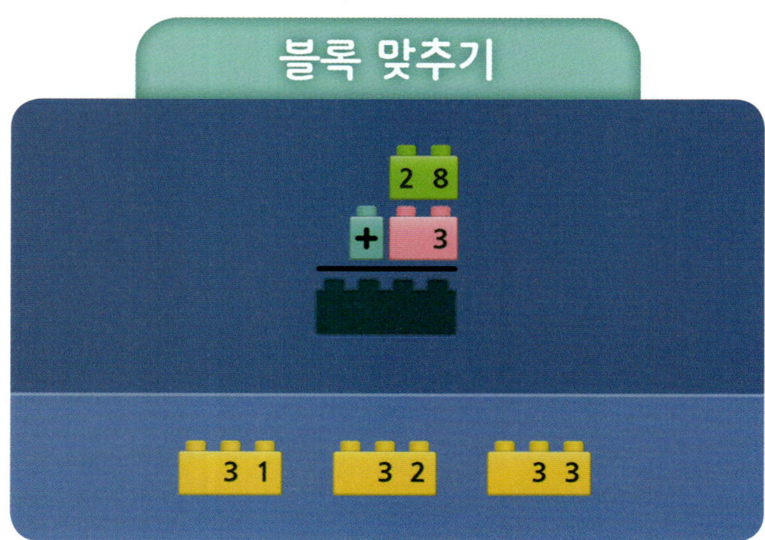

빈 곳에 들어갈 블록은 무엇일까요?

아래쪽에서 빈 곳에 들어갈 알맞은 수를 골라 손가락으로 끌어서 넣으세요.
31을 넣으면 정답입니다.

두 수의 합을 구해 볼까요?

시작 버튼을 누르면 공 2개가 나와요. 오른쪽에서 공에 쓰여 있는 두 수의 합을 골라 손가락으로 눌러 주세요.
23을 누르면 정답입니다.

행운의 공 추첨

(두 자리 수) ＋ (한 자리 수)

▶ 연산 보충 학습(108쪽)에서 더 풀어 보세요.

학부모 지도 가이드

'26＋3' 또는 '57＋8'과 같이 (두 자리 수)＋(한 자리 수)를 공부합니다. 일의 자리 수를 판단하여 머릿셈으로 (두 자리 수)＋(한 자리 수)를 계산하는 방법을 배웁니다.

$$35 + 6 = \boxed{41} \quad (5+6>10)$$
$$14 + 3 = \boxed{17} \quad (4+3<10)$$

받아올림이 없는 덧셈
$$26 + 3 = \boxed{2}\,\boxed{9} \quad (그대로,\ 6+3=9)$$

받아올림이 있는 덧셈
$$57 + 8 = \boxed{6}\,\boxed{5} \quad (+1,\ 7+8=15)$$

$$\begin{array}{r} 2\ \boxed{9} \\ +\quad 5 \\ \hline \boxed{3}\ 4 \end{array}$$

아이들이 십이나 몇십을 만들기 위해 수 가르기를 하는 것을 이해하고 (몇십 몇)＋(몇) 의 계산을 능숙하게 할 수 있도록 지도합니다.

일의 자리 판단하기

태돌이와 큐리는 두 수의 합과 10의 크기를 비교하려고 해요.

$$3 + 5 < 10$$

$$3 + 7 = 10$$

$$3 + 8 > 10$$

🌳 ◯ 안에 > 또는 <를 알맞게 쓰세요.

❶
| 6 | 4 |

$$6 + 4 = 10$$

$$6 + 8 \bigcirc 10$$

$$6 + 5 \bigcirc 10$$

❷
| 8 | 2 |

$$8 + 2 = 10$$

$$8 + 1 \bigcirc 10$$

$$8 + 3 \bigcirc 10$$

❸
| 7 | 3 |

$$7 + 3 = 10$$

$$7 + 9 \bigcirc 10$$

$$7 + 2 \bigcirc 10$$

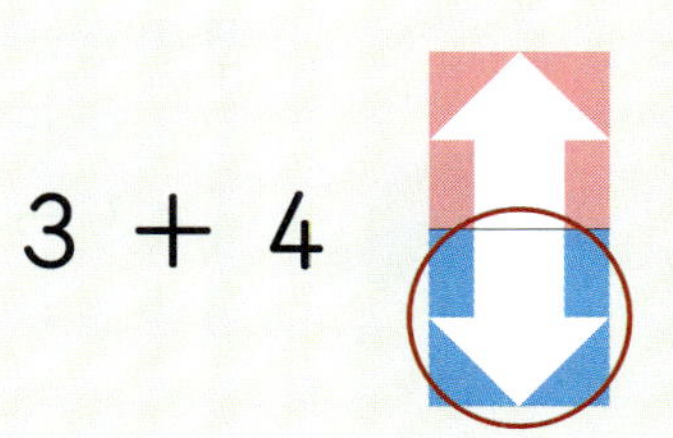

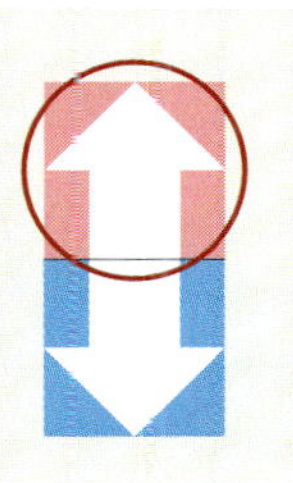

① 8 + 8

② 5 + 7

③ 7 + 2

④ 1 + 6

⑤ 6 + 5

⑥ 3 + 2

⑦ 4 + 5

⑧ 9 + 4

티나가 계산 결과가 10보다 큰 식을 모두 찾고 있어요.

1+6	7+4	6+2
9+9	6+3	4+9
2+7	8+3	5+1

🌱 계산 결과가 10보다 큰 식에 ◯표 하세요.

①

3+2	9+9	5+1	4+5
1+4	3+8	9+5	6+3
7+6	4+2	3+8	3+5

②

7+5	6+3	3+9	2+6
6+8	2+1	7+2	4+7
5+4	3+5	7+7	6+2

③

8+7	6+2	9+5	1+8
5+6	4+4	2+1	5+4
3+4	1+6	7+2	8+4

합이 10보다 작은 수에는 △표, 10보다 큰 수에는 ○표 하세요.

6+3
4+7
3+6
8+3
6+1
5+9
6+6
8+4
4+5
7+2
5+7

머릿셈 하기

머릿셈을 알아보고 머릿셈으로 덧셈을 하세요.

$12 + 4 = \boxed{16}$

① 일의 자리 판단
$2 + 4 < 10$

② 일의 자리 계산
$12 + 4 = \boxed{?}\,\boxed{6}$
$2+4=6$

③ 십의 자리 숫자 그대로
$12 + 4 = \boxed{1}\,\boxed{6}$
그대로

$28 + 9 = \boxed{37}$

① 일의 자리 판단
$8 + 9 > 10$

② 일의 자리 계산
$28 + 9 = \boxed{?}\,\boxed{7}$
$8+9=17$

③ 십의 자리 숫자 1 크게
$28 + 9 = \boxed{3}\,\boxed{7}$
$+1$

$51 + 7 = \boxed{}$

$73 + 2 = \boxed{}$

$38 + 5 = \boxed{}$

$89 + 6 = \boxed{}$

$64 + 3 = \boxed{}$

$45 + 8 = \boxed{}$

14+2	
(16)	26

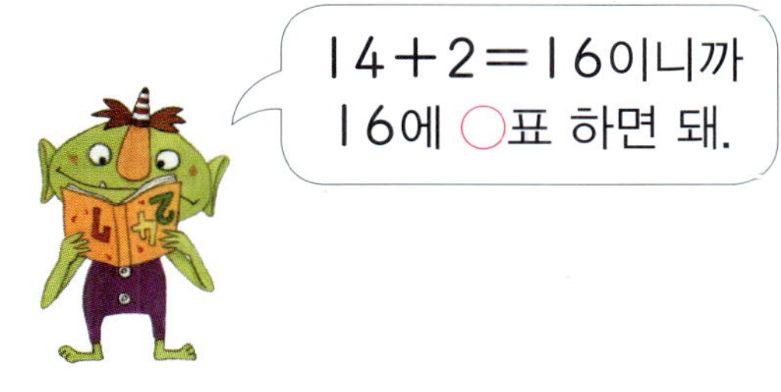

❶

5+77	
72	82

❷

45+7	
42	52

❸

31+4	
35	45

❹

3+69	
62	72

❺

8+56	
54	64

❻

71+8	
79	89

❼

29+2	
21	31

❽

57+9	
56	66

태돌이는 일의 자리의 합과 10을 비교하여 덧셈을 하려고 해요.

$$14 + 3 = \boxed{17} \qquad 35 + 6 = \boxed{41}$$

$$4+3<10 \qquad\qquad 5+6>10$$

🌳 □ 안에 알맞은 수를 쓰세요.

①

$$3 + 5 < 10$$

$$13 + 5 = \boxed{} \qquad 43 + 5 = \boxed{}$$

$$63 + 5 = \boxed{} \qquad 83 + 5 = \boxed{}$$

②

$$7 + 4 > 10$$

$$27 + 4 = \boxed{} \qquad 37 + 4 = \boxed{}$$

$$57 + 4 = \boxed{} \qquad 87 + 4 = \boxed{}$$

🌳 머릿셈으로 덧셈을 하세요.

51 ＋ 6 ＝ 57

❶ 38 ＋ 5 ＝ ☐ 　　❷ 16 ＋ 7 ＝ ☐

❸ 90 ＋ 2 ＝ ☐ 　　❹ 45 ＋ 8 ＝ ☐

❺ 87 ＋ 4 ＝ ☐ 　　❻ 63 ＋ 1 ＝ ☐

❼ 29 ＋ 3 ＝ ☐ 　　❽ 52 ＋ 9 ＝ ☐

❾ 78 ＋ 6 ＝ ☐ 　　❿ 34 ＋ 5 ＝ ☐

덧셈식에서 지워진 수 찾기

애벌레가 덧셈식이 적힌 잎사귀를 먹어 버렸어요.

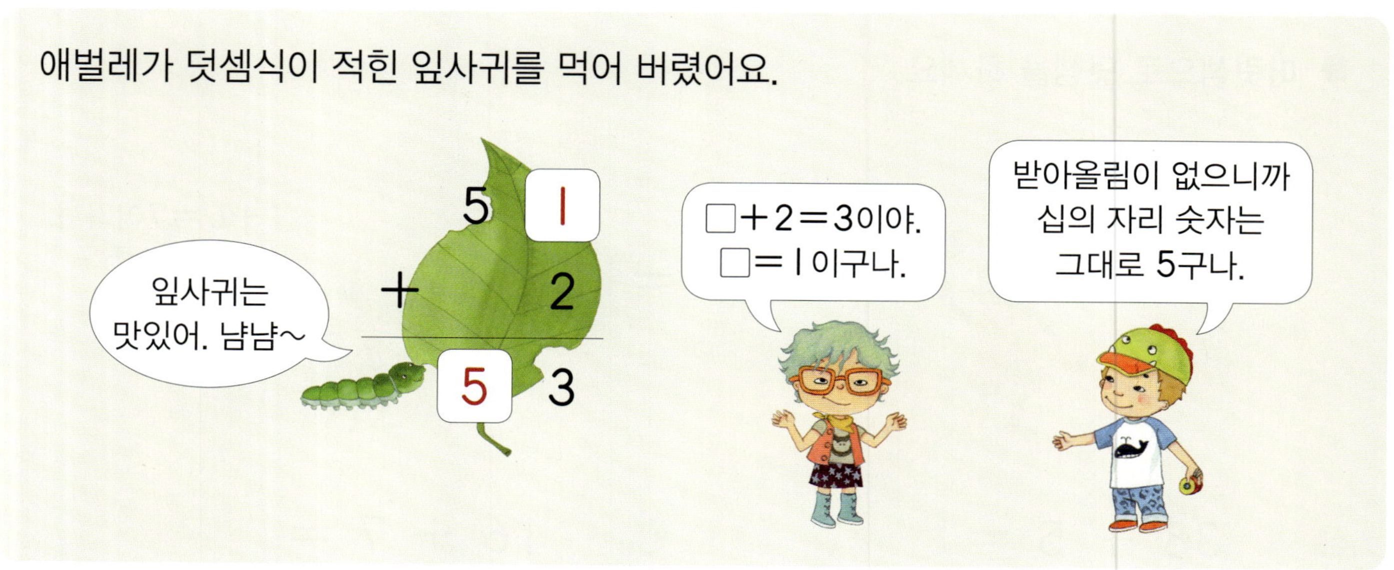

🌱 일의 자리부터 차례로 생각하여 □ 안에 알맞은 수를 쓰세요.

❶

$$3 \quad \square$$
$$+ \quad 1$$
$$\overline{? \quad 5}$$
□+1=5

➡

$$3 \quad \square$$
$$+ \quad 1$$
$$\overline{\square \quad 5}$$
십의 자리
숫자 그대로

$$3 \quad \square$$
$$+ \quad 1$$
$$\overline{\square \quad 5}$$

❷

$$? \quad 1$$
$$+ \quad \square$$
$$\overline{7 \quad 6}$$
1+□=6

➡

$$\square \quad 1$$
$$+ \quad \square$$
$$\overline{7 \quad 6}$$
십의 자리
숫자 그대로

$$\square \quad 1$$
$$+ \quad \square$$
$$\overline{7 \quad 6}$$

덧셈식을 완성하는 데 사용할 숫자 카드에 모두 ○표 하고 □ 안에 알맞은 수를 쓰세요.

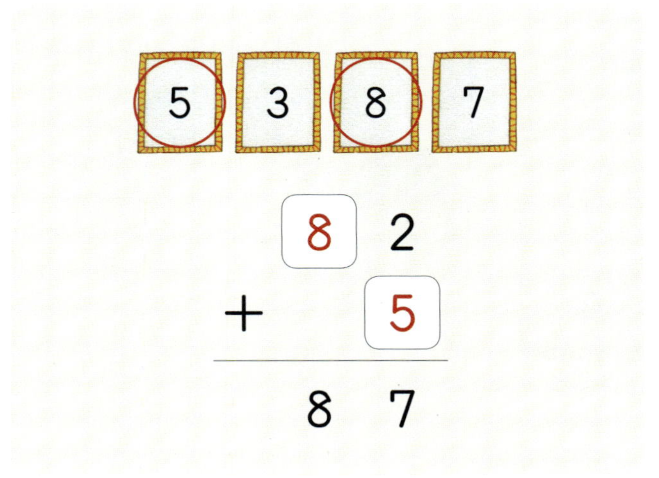

2<7이야.
받아올림이 없는
식이지. 쉽지?
십의 자리 숫자는
그대로구나.

① 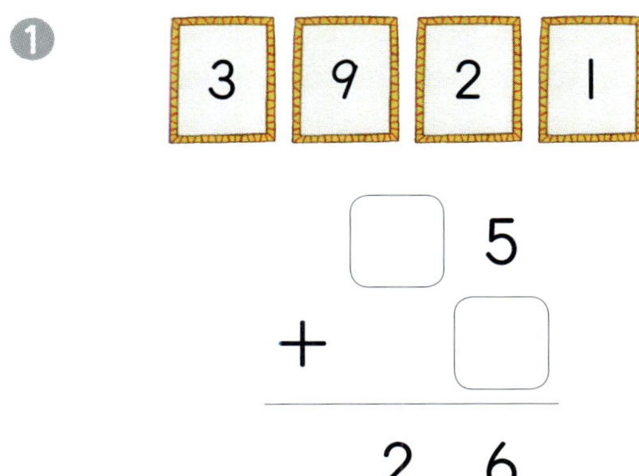

②

③

④ 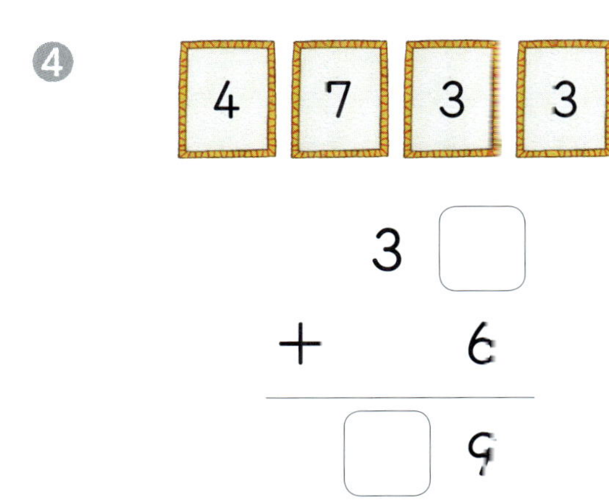

태돌이와 티나는 지워진 수를 찾고 있어요.

🌱 지워진 수를 찾아 □ 안에 알맞은 수를 쓰세요.

❶ □ + 4 = 11

❷ □ + 5 = 11

❸ □ + 7 = 16

7
4 □
+ 7
5 6

❹ □ + 9 = 17

3 □
+ 9
4 7

🌳 지워진 수를 찾아 □ 안에 알맞은 수를 쓰세요.

```
    2  [9]
 +     5
 ────────
   [3]  4
```

①
```
  [ ] 7
+    [ ]
───────
  7  5
```

②
```
  3 [ ]
+    6
───────
 [ ] 0
```

③
```
  [ ] 7
+    [ ]
───────
  2  3
```

④
```
  8 [ ]
+    9
───────
 [ ] 1
```

⑤
```
  [ ] 8
+    [ ]
───────
  6  3
```

⑥
```
  4 [ ]
+    5
───────
 [ ] 1
```

⑦
```
  [ ] 9
+    [ ]
───────
  9  8
```

⑧
```
  7 [ ]
+    4
───────
 [ ] 2
```

⑨
```
  6 [ ]
+    3
───────
 [ ] 0
```

재미있는 덧셈 연습

현우는 과녁에서 화살로 맞힐 곳을 찾고 있어요.

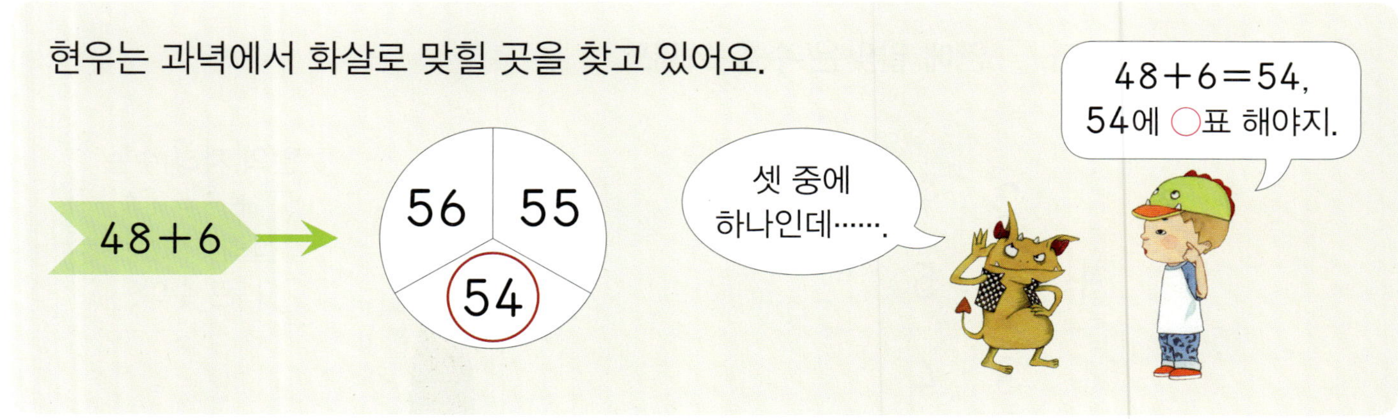

🌳 계산 결과를 찾아 ○표 하세요.

① 63+9 →
72 71
73

② 37+4 →
31 41
42

③ 55+3 →
58 68
57

④ 86+7 →
94 95
93

⑤ 48+8 →
54 56
66

⑥ 74+7 →
81 71
73

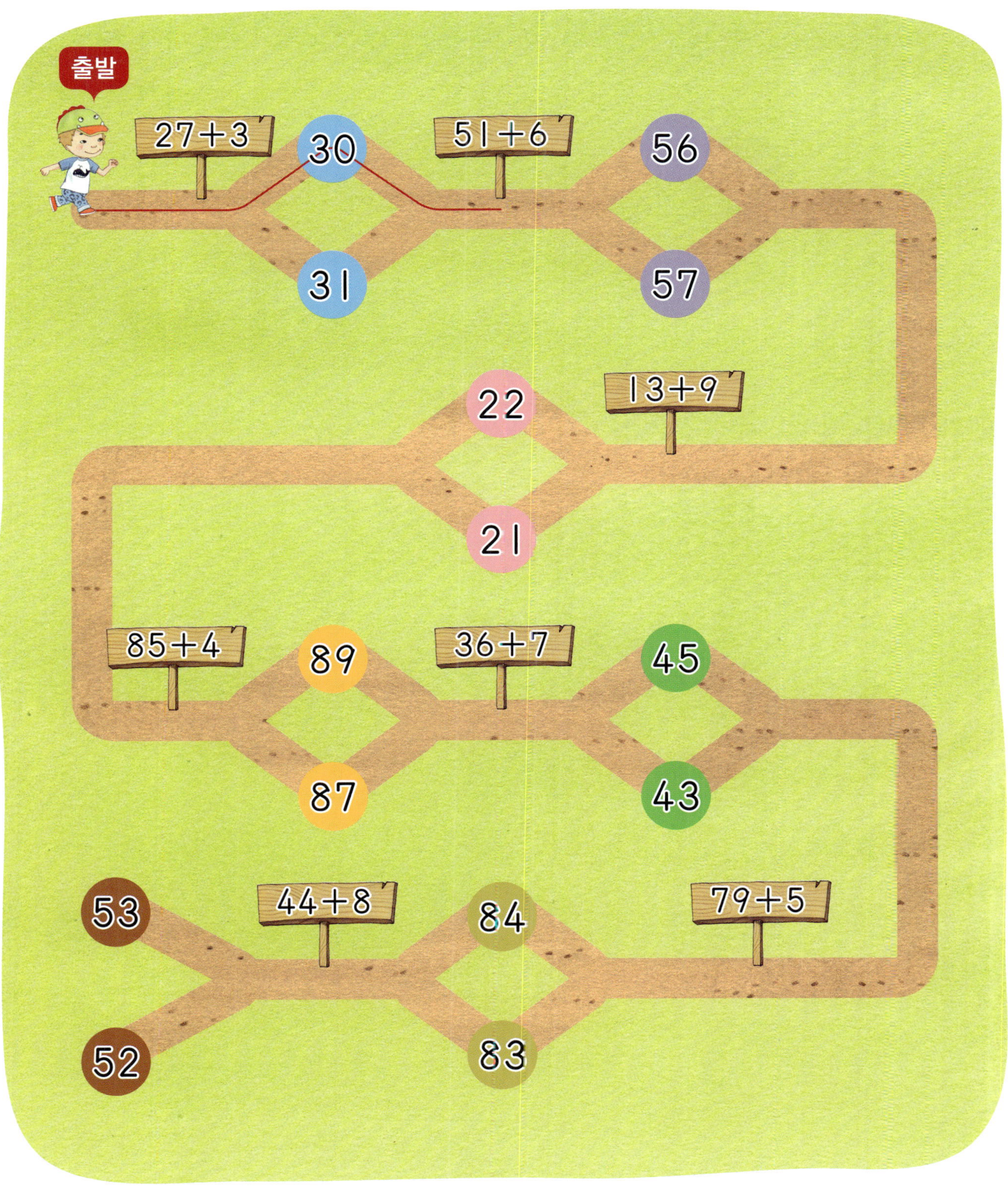

출발
27+3
30
51+6
56
31
57
22
13+9
21
85+4
89
36+7
45
87
43
53
44+8
84
79+5
52
83

태돌이는 가로, 세로에 놓인 두 수의 합을 구하려고 해요.

🌳 가로, 세로에 놓인 두 수의 합을 ○ 안에 쓰세요.

❶ 9+85

85	6
9	52

85+6
52+9
6+52

❷

26	1
7	43

❸

4l	2
4	90

❹

59	7
8	34

11 + 7 = 18
+   +
9   5
=   =
20 + 3 = 23

1

18 + 5 = 23
+   +
        6
=   =
21 + □ = □

2

46 + □ = 49
+   +
        7
=   =
□ + 8 = □

3   16 + 7 = □ ➡ 23 + 8 = □

4   25 + □ = 34 ➡ 34 + □ = 41

(두 자리 수)+(한 자리 수)

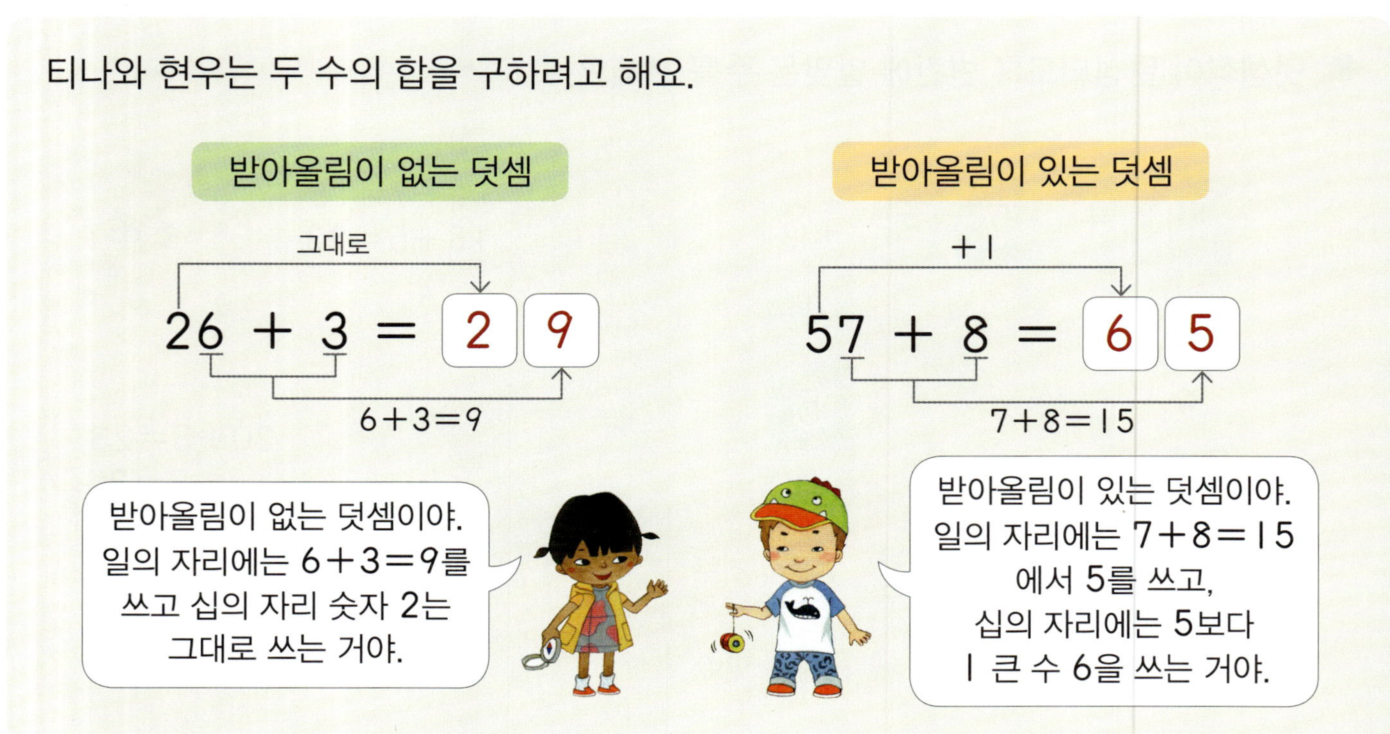

🌳 **덧셈을 하세요.**

❶ 받아올림이 없는 덧셈

그대로
64 + 2 = ☐ ☐

그대로
31 + 5 = ☐ ☐

그대로
83 + 4 = ☐ ☐

❷ 받아올림이 있는 덧셈

+1
58 + 6 = ☐ ☐

+1
49 + 3 = ☐ ☐

+1
76 + 7 = ☐ ☐

덧셈을 하세요.

$27 + 6 = \boxed{33}$

① $45 + 6 = \boxed{}$

② $72 + 3 = \boxed{}$

③ $39 + 2 = \boxed{}$

④ $16 + 1 = \boxed{}$

⑤ $87 + 5 = \boxed{}$

⑥ $60 + 8 = \boxed{}$

⑦ $53 + 9 = \boxed{}$

⑧ $29 + 6 = \boxed{}$

⑨ $27 + 7 = \boxed{}$

⑩ $81 + 9 = \boxed{}$

태돌이와 현우는 세로셈으로 두 수의 합을 구하려고 해요.

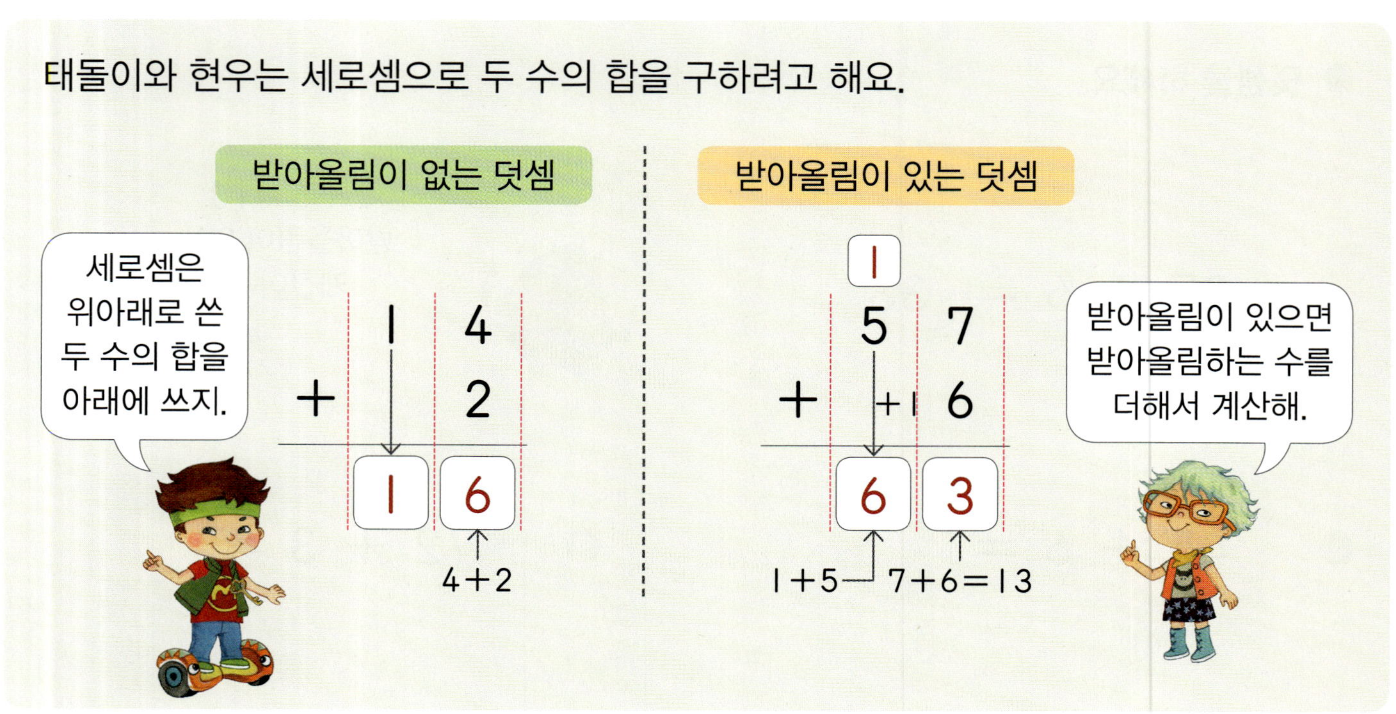

🌳 **세로셈 계산을 하여 ☐ 안에 알맞은 수를 쓰세요.**

받아올림이 없는 덧셈　　　　　　　　　받아올림이 있는 덧셈

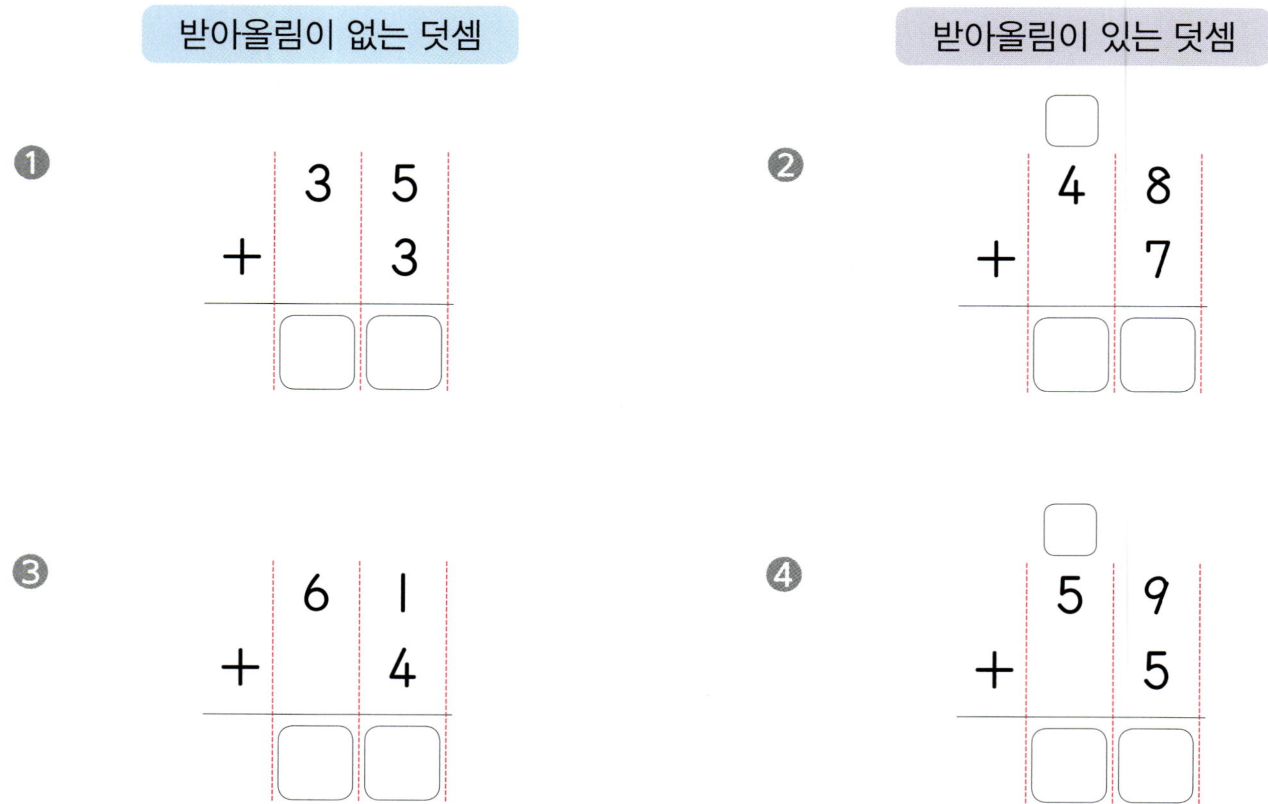

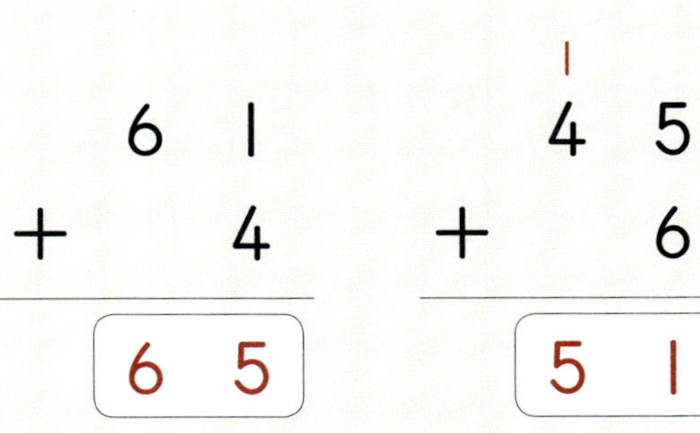

❶
```
  8 6
+   5
─────
```

❷
```
  5 4
+   8
─────
```

❸
```
  3 9
+   2
─────
```

❹
```
  9 1
+   4
─────
```

❺
```
  2 8
+   8
─────
```

❻
```
  4 7
+   3
─────
```

❼
```
  7 6
+   9
─────
```

❽
```
  2 8
+   8
─────
```

❾
```
  4 8
+   7
─────
```

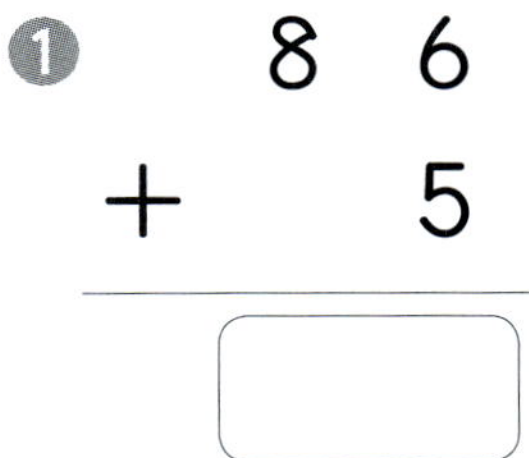

🌲 계산 결과가 10보다 크면 🔼, 10보다 작으면 🔽에 ◯표 하세요.

❶ $2 + 7$ 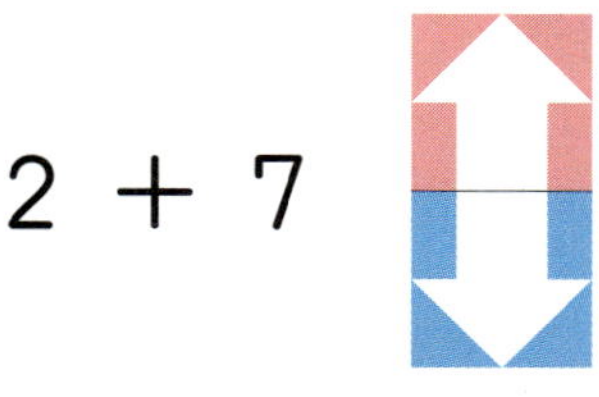

❷ $8 + 3$ 

🌲 머릿셈으로 덧셈을 하세요.

❸ $49 + 3 =$ ☐

❹ $54 + 9 =$ ☐

❺ $75 + 6 =$ ☐

❻ $64 + 5 =$ ☐

🌲 일의 자리부터 차례로 생각하여 ☐ 안에 알맞은 수를 쓰세요.

❼ 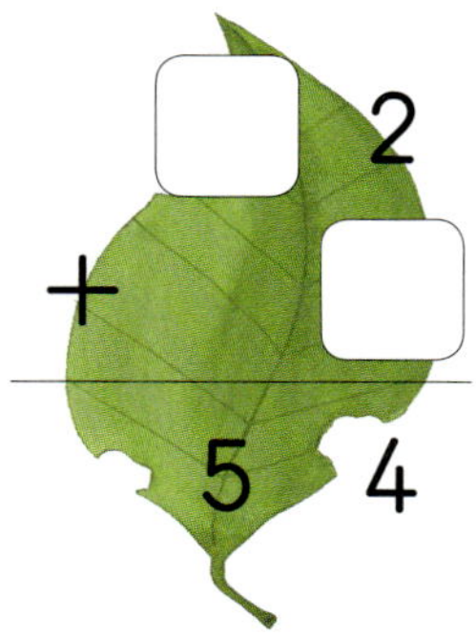

❽ 

🌲 덧셈식을 완성하는 데 사용할 숫자 카드에 모두 ◯표 하고 ☐ 안에 알맞은 수를 쓰세요.

⑨

```
    ☐ 4
+     ☐
-------
    8 9
```

⑩

```
    5 ☐
+     6
-------
    ☐ 9
```

🌲 지워진 수를 찾아 ☐ 안에 알맞은 수를 쓰세요.

⑪

⑫

🌲 계산을 하세요.

⑬
```
  7 6
+   9
-----
  ☐
```

⑭
```
  2 8
+   8
-----
  ☐
```

⑮
```
  4 7
+   6
-----
  ☐
```

연산력 게임

QR코드를 찍으면 다양한 연산 게임을 할 수 있어요.

메모장에 들어갈 수는 무엇일까요?

덧셈을 하여 오른쪽의 키패드로 알맞은 수를 입력한 뒤 확인 버튼을 눌러 주세요.
33을 입력하면 정답입니다.

두 수의 합을 구해 볼까요?

아래쪽에서 공에 쓰여 있는 두 수의 합을 골라 손가락으로 눌러 주세요.
22를 누르면 정답입니다.

연산 보충 학습

관련 쪽수: 6~31쪽

❖ 덧셈을 하세요.

① $23 + 4 = \boxed{}$　　② $41 + 4 = \boxed{}$

③ $72 + 5 = \boxed{}$　　④ $63 + 3 = \boxed{}$

⑤ $97 + 2 = \boxed{}$　　⑥ $85 + 4 = \boxed{}$

⑦
$$\begin{array}{r} 4\ 5 \\ +\ \ \ 3 \\ \hline \end{array}$$

⑧
$$\begin{array}{r} 2\ 5 \\ +\ \ \ 4 \\ \hline \end{array}$$

⑨
$$\begin{array}{r} 9\ 1 \\ +\ \ \ 8 \\ \hline \end{array}$$

⑩
$$\begin{array}{r} 6\ 7 \\ +\ \ \ 1 \\ \hline \end{array}$$

⑪
$$\begin{array}{r} 4\ 2 \\ +\ \ \ 5 \\ \hline \end{array}$$

⑫
$$\begin{array}{r} 8\ 3 \\ +\ \ \ 4 \\ \hline \end{array}$$

❖ 거꾸로 뛰어 세어 □ 안에 알맞은 수를 쓰세요.

⑬ □ + 3 = 57

⑭ □ + 1 = 71

⑮ □ + 6 = 68

⑯ □ + 4 = 16

⑰ □ + 2 = 33

⑱ □ + 5 = 48

⑲ 54 + □ = 55

⑳ 82 + □ = 85

㉑ 91 + □ = 98

㉒ 41 + □ = 43

㉓ 60 + □ = 61

㉔ 86 + □ = 89

❖ 덧셈을 하세요.

❶ $44 + 8 = \boxed{}$　　❷ $26 + 5 = \boxed{}$

❸ $57 + 6 = \boxed{}$　　❹ $68 + 4 = \boxed{}$

❺ $89 + 1 = \boxed{}$　　❻ $78 + 6 = \boxed{}$

❖ ☐ 안에 알맞은 수를 쓰세요.

❼
$$\begin{array}{r} 5\ 5 \\ +\quad 7 \\ \hline \end{array}$$

❽
$$\begin{array}{r} 3\ 9 \\ +\quad 6 \\ \hline \end{array}$$

❾
$$\begin{array}{r} 5\ 8 \\ +\quad 7 \\ \hline \end{array}$$

❿
$$\begin{array}{r} 8\ 2 \\ +\quad 9 \\ \hline \end{array}$$

⓫
$$\begin{array}{r} 6\ 7 \\ +\quad 3 \\ \hline \end{array}$$

⓬
$$\begin{array}{r} 7\ 9 \\ +\quad 6 \\ \hline \end{array}$$

❖ 거꾸로 뛰어 세어 □ 안에 알맞은 수를 쓰세요.

⑬ □ + 5 = 63

⑭ □ + 6 = 45

⑮ □ + 2 = 71

⑯ □ + 9 = 88

⑰ □ + 9 = 48

⑱ □ + 7 = 34

⑲ 46 + □ = 53

⑳ 38 + □ = 46

㉑ 78 + □ = 83

㉒ 63 + □ = 71

㉓ 59 + □ = 68

㉔ 88 + □ = 96

관련 쪽수: 54~75쪽

❖ 한 자리 수를 10으로 만들어 덧셈을 하세요.

① $43 + 9 = \boxed{} + 10 = \boxed{}$

② $33 + 8 = \boxed{} + 10 = \boxed{}$

③ $54 + 8 = \boxed{} + 10 = \boxed{}$

④ $76 + 7 = \boxed{} + 10 = \boxed{}$

❖ 두 자리 수를 몇십으로 만들어 덧셈을 하세요.

⑤ $48 + 4 = \boxed{} + \boxed{} = \boxed{}$

⑥ $88 + 5 = \boxed{} + \boxed{} = \boxed{}$

⑦ $69 + 9 = \boxed{} + \boxed{} = \boxed{}$

⑧ $77 + 6 = \boxed{} + \boxed{} = \boxed{}$

✤ 가르기를 하여 ☐ 안에 알맞은 수를 쓰세요.

⑨ $65 + 7 =$ ☐

⑩ $59 + 3 =$ ☐

⑪ $47 + 9 =$ ☐

⑫ $28 + 5 =$ ☐

⑬ $35 + 8 =$ ☐

⑭ $69 + 5 =$ ☐

⑮ $72 + 9 =$ ☐

⑯ $49 + 4 =$ ☐

⑰ $63 + 9 =$ ☐

⑱ $57 + 6 =$ ☐

(두 자리 수)＋(한 자리 수)

❖ 머릿셈을 하여 ☐ 안에 알맞은 수를 쓰세요.

① $29 + 5 = \boxed{}$

② $35 + 9 = \boxed{}$

③ $87 + 5 = \boxed{}$

④ $64 + 8 = \boxed{}$

⑤ $68 + 4 = \boxed{}$

⑥ $57 + 8 = \boxed{}$

❖ 지워진 수를 찾아 ☐ 안에 알맞은 수를 쓰세요.

⑦
$$\begin{array}{cc} \boxed{} & 1 \\ + & \boxed{} \\ \hline 5 & 4 \end{array}$$

⑧
$$\begin{array}{cc} 6 & \boxed{} \\ + & 2 \\ \hline \boxed{} & 7 \end{array}$$

⑨
$$\begin{array}{cc} \boxed{} & 7 \\ + & \boxed{} \\ \hline 3 & 6 \end{array}$$

⑩
$$\begin{array}{cc} 7 & \boxed{} \\ + & 9 \\ \hline \boxed{} & 2 \end{array}$$

⑪
$$\begin{array}{cc} \boxed{} & 8 \\ + & \boxed{} \\ \hline 8 & 6 \end{array}$$

⑫
$$\begin{array}{cc} 8 & \boxed{} \\ + & 5 \\ \hline \boxed{} & 3 \end{array}$$

301 십, 몇십에 더하기

6 7

태돌이는 구슬을 모으고 있어요.

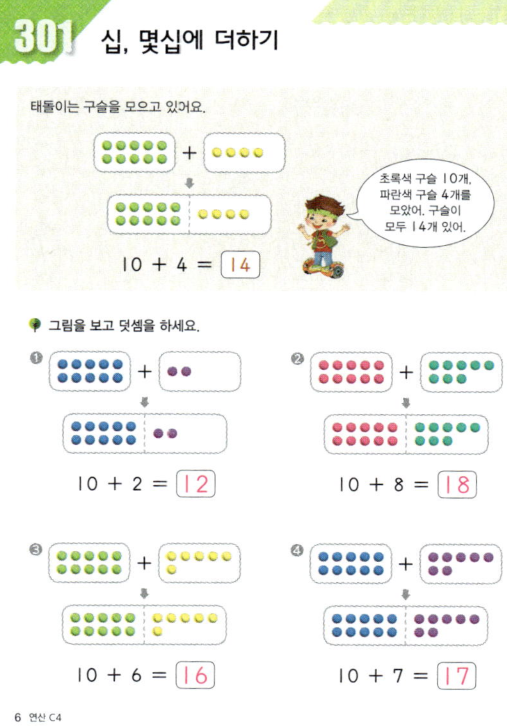

$10 + 4 = \boxed{14}$

🍏 그림을 보고 덧셈을 하세요.

❶ $10 + 2 = \boxed{12}$

❷ $10 + 8 = \boxed{18}$

❸ $10 + 6 = \boxed{16}$

❹ $10 + 7 = \boxed{17}$

🍏 덧셈을 하세요.

$10 + 4 = \boxed{14}$
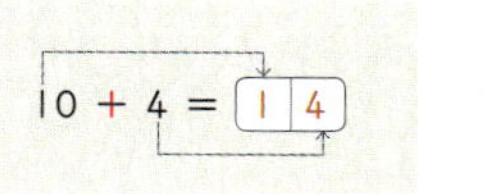

❶ $10 + 8 = \boxed{18}$ ❷ $10 + 1 = \boxed{11}$

❸ $10 + 6 = \boxed{16}$ ❹ $10 + 3 = \boxed{13}$

❺ $10 + 5 = \boxed{15}$ ❻ $10 + 9 = \boxed{19}$

❼ $10 + 7 = \boxed{17}$ ❽ $10 + 2 = \boxed{12}$

---

8 9

큐리는 현우가 가지고 있던 상자 안에 구슬 5개를 더 넣었어요.

$20 + 5 = \boxed{25}$

🍏 그림을 보고 덧셈을 하세요.

❶ $40 + 3 = \boxed{43}$

❷ $30 + 4 = \boxed{34}$

❸ $20 + 6 = \boxed{26}$

❹ $40 + 9 = \boxed{49}$

🍏 ☐ 안에 알맞은 수를 쓰세요.

$\boxed{31}$ +1 (30) +2 $\boxed{32}$
30+1   30+2
$\boxed{37}$
30+7

❶ 
$\boxed{28}$ +8 (20) +5 $\boxed{25}$
20+8   25+5
$\boxed{24}$
20+4

❷ 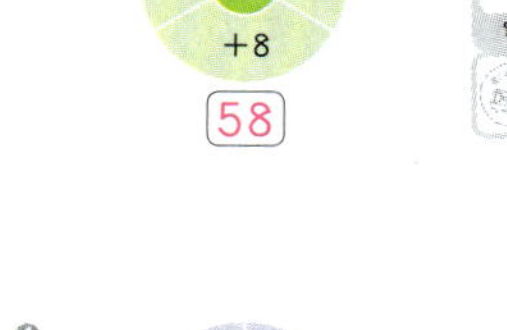
$\boxed{52}$ +2 (50) +4 $\boxed{54}$
           +8
$\boxed{58}$

❸ 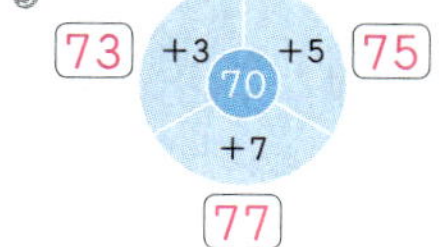
$\boxed{73}$ +3 (70) +5 $\boxed{75}$
           +7
$\boxed{77}$

❹ 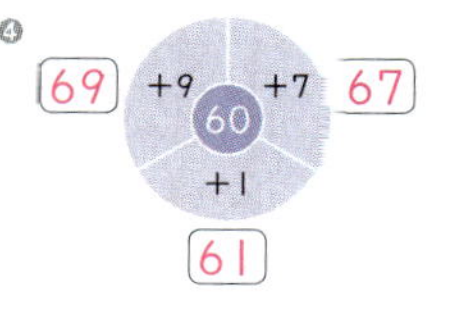
$\boxed{69}$ +9 (60) +7 $\boxed{67}$
           +1
$\boxed{61}$

공부한 날
월
일

302 그림 보고 더하기

10
11

현우가 사탕의 개수를 세고 있어요.

23 + 3 = 26

● 사탕의 개수는 모두 몇 개인지 □ 안에 알맞은 수를 쓰세요.

① 25 + 4 = 29

② 18 + 1 = 19

③ 32 + 5 = 37

④ 33 + 6 = 39

● 그림을 보고 덧셈을 하세요.

13 + 4 = 17

① 11 + 5 = 16

② 47 + 2 = 49

③ 26 + 3 = 29

④ 54 + 1 = 55

12
13

병아리만 있는 닭장에 닭 2마리가 들어가려고 해요.

12 + 2 = 14

● 병아리와 닭은 모두 몇 마리인지 □ 안에 알맞은 수를 쓰세요.

① 17 + 1 = 18

② 21 + 4 = 25

③ 14 + 3 = 17

④ 35 + 1 = 36

● 더하는 수만큼 ○를 그리고 덧셈을 하세요.

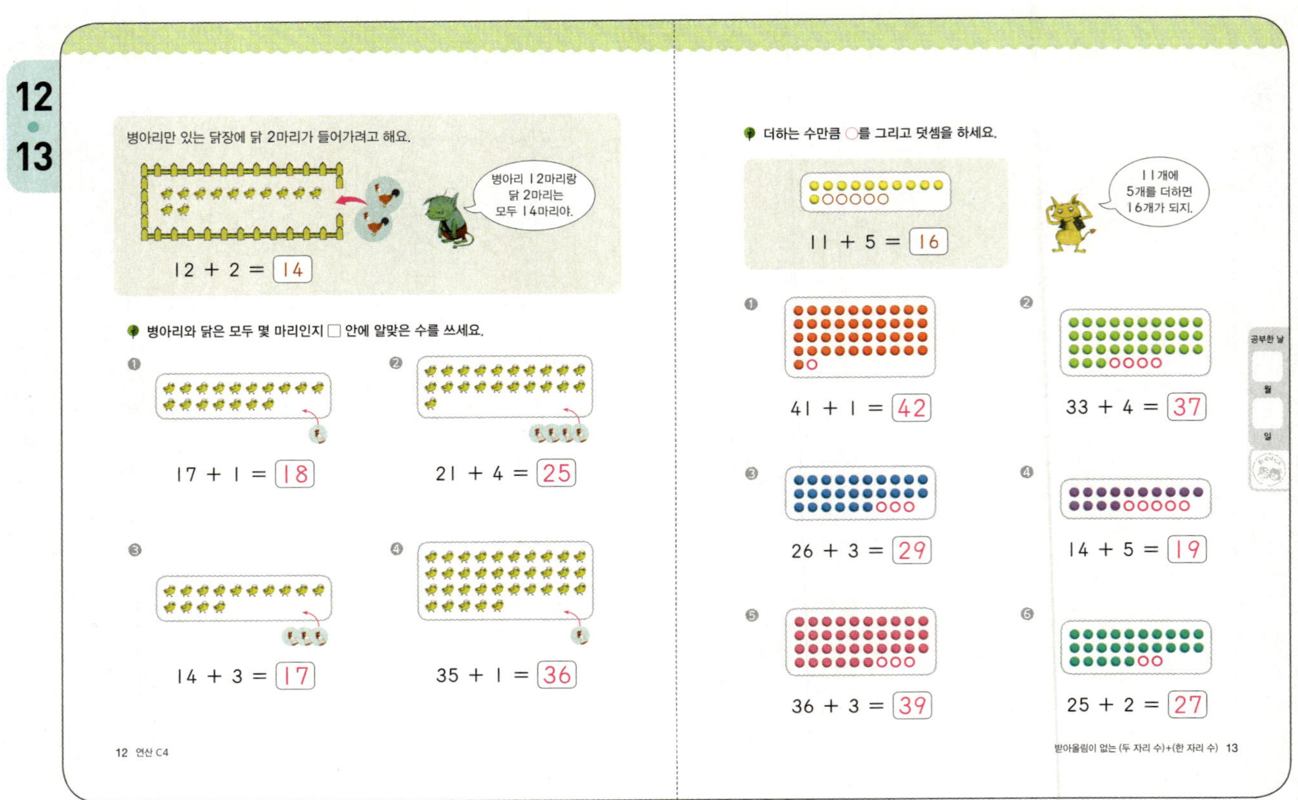

11 + 5 = 16

① 41 + 1 = 42

② 33 + 4 = 37

③ 26 + 3 = 29

④ 14 + 5 = 19

⑤ 36 + 3 = 39

⑥ 25 + 2 = 27

303 뛰어 세어 더하기

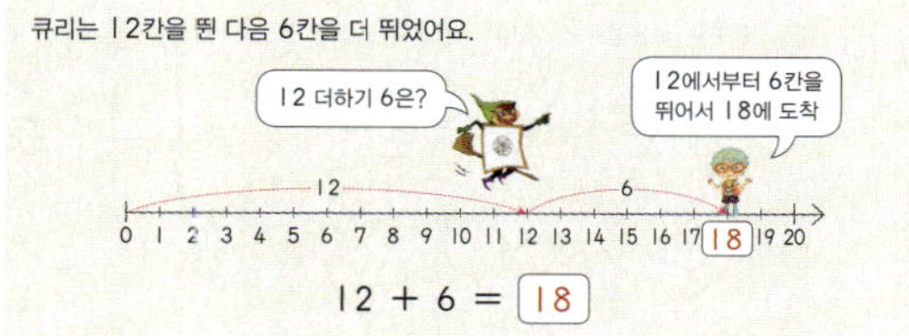

$$12 + 6 = \boxed{18}$$

🌱 수직선을 보고 덧셈을 하세요.

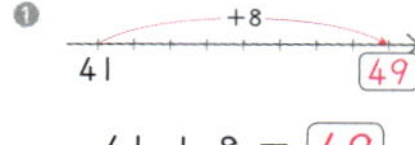

❶
+8
41 　 49
$$41 + 8 = \boxed{49}$$

❷
+2
14 　 16
$$14 + 2 = \boxed{16}$$

❸
+4
63 　 67
$$63 + 4 = \boxed{67}$$

❹
+6
52 　 58
$$52 + 6 = \boxed{58}$$

❺
+5
53 　 58
$$53 + 5 = \boxed{58}$$

❻
+7
61 　 68
$$61 + 7 = \boxed{68}$$

🌱 뛰어 세어 덧셈을 하세요.

$$14 + 3 = \boxed{17}$$

❶
+1
20 21 22 23 24
$$21 + 1 = \boxed{22}$$

❷
+4
45 46 47 48 49
$$45 + 4 = \boxed{49}$$

❸
+3
76 77 78 79 80
$$76 + 3 = \boxed{79}$$

❹
+2
82 83 84 85 86
$$83 + 2 = \boxed{85}$$

❺
+6
61 62 63 64 65 66 67 68 69
$$62 + 6 = \boxed{68}$$

🌱 개구리가 뛰어간 곳에 알맞은 수를 쓰고 덧셈을 하세요.

🌱 뛰어 세어 덧셈을 하세요.

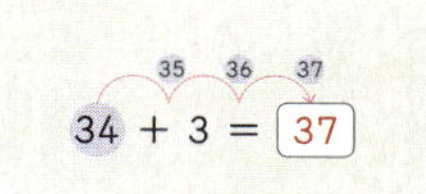

$$34 + 3 = \boxed{37}$$

❶ $52 + 1 = \boxed{53}$　　❷ $71 + 6 = \boxed{77}$

❸ $26 + 3 = \boxed{29}$　　❹ $14 + 2 = \boxed{15}$

❺ $35 + 4 = \boxed{39}$　　❻ $67 + 1 = \boxed{68}$

❼ $82 + 5 = \boxed{87}$　　❽ $43 + 3 = \boxed{46}$

❾ $96 + 2 = \boxed{98}$　　❿ $51 + 4 = \boxed{55}$

304 가로셈과 세로셈

현우는 수 모형의 수를 가로셈과 세로셈으로 구하고 있어요.

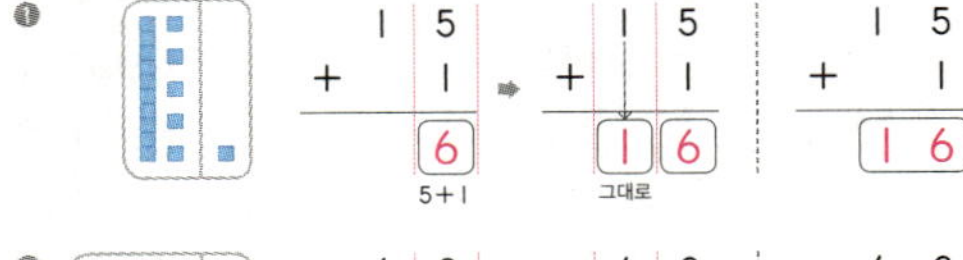

$$22 + 4 = 26 \Rightarrow \begin{array}{r} 2\ 2 \\ +\ \ \ 4 \\ \hline 2\ 6 \end{array}$$

🍀 수 모형의 수를 세로셈으로 구하세요.

❶
$$\begin{array}{r} 1\ 5 \\ +\ \ \ 1 \\ \hline 6 \end{array} \Rightarrow \begin{array}{r} 1\ 5 \\ +\ \ \ 1 \\ \hline 1\ 6 \end{array} \quad \begin{array}{r} 1\ 5 \\ +\ \ \ 1 \\ \hline 1\ 6 \end{array}$$
(5+1, 그대로)

❷
$$\begin{array}{r} 4\ 3 \\ +\ \ \ 3 \\ \hline 6 \end{array} \Rightarrow \begin{array}{r} 4\ 3 \\ +\ \ \ 3 \\ \hline 4\ 6 \end{array} \quad \begin{array}{r} 4\ 3 \\ +\ \ \ 3 \\ \hline 4\ 6 \end{array}$$
(3+3, 그대로)

❸
$$\begin{array}{r} 2\ 6 \\ +\ \ \ 2 \\ \hline 8 \end{array} \Rightarrow \begin{array}{r} 2\ 6 \\ +\ \ \ 2 \\ \hline 2\ 8 \end{array} \quad \begin{array}{r} 2\ 6 \\ +\ \ \ 2 \\ \hline 2\ 8 \end{array}$$
(6+2, 그대로)

🍀 가로셈을 세로셈으로 바꾸어 계산하세요.

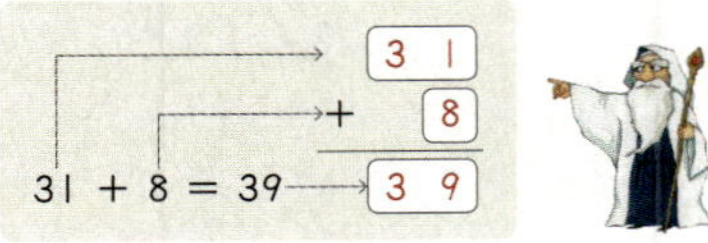

$$31 + 8 = 39 \Rightarrow \begin{array}{r} 3\ 1 \\ +\ \ \ 8 \\ \hline 3\ 9 \end{array}$$

❶ $22 + 1$
$$\begin{array}{r} 2\ 2 \\ +\ \ \ 1 \\ \hline 2\ 3 \end{array}$$

❷ $82 + 6$
$$\begin{array}{r} 8\ 2 \\ +\ \ \ 6 \\ \hline 8\ 8 \end{array}$$

❸ $45 + 2$
$$\begin{array}{r} 4\ 5 \\ +\ \ \ 2 \\ \hline 4\ 7 \end{array}$$

❹ $63 + 4$
$$\begin{array}{r} 6\ 3 \\ +\ \ \ 4 \\ \hline 6\ 7 \end{array}$$

❺ $13 + 5$
$$\begin{array}{r} 1\ 3 \\ +\ \ \ 5 \\ \hline 1\ 8 \end{array}$$

❻ $51 + 7$
$$\begin{array}{r} 5\ 1 \\ +\ \ \ 7 \\ \hline 5\ 8 \end{array}$$

태돌이는 가로로 된 식과 세로로 된 식을 계산하려고 해요.

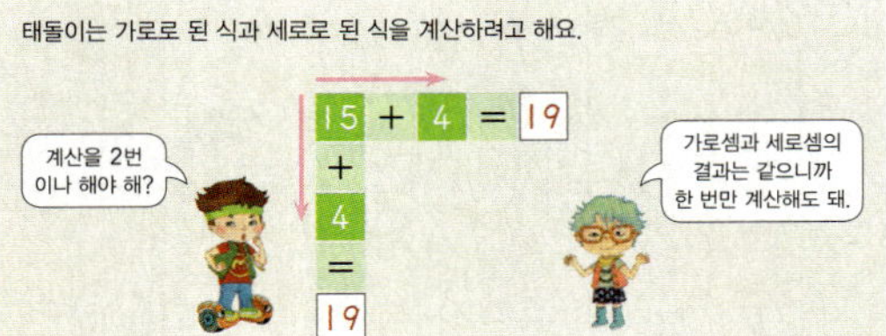

$$15 + 4 = 19$$

🍀 빈칸에 알맞은 수를 쓰세요.

❶ $42 + 4 = 46$
$$\begin{array}{c} 42 \\ + \\ 4 \\ = \\ 46 \end{array}$$

❷ $51 + 6 = 57$
$$\begin{array}{c} 51 \\ + \\ 6 \\ = \\ 57 \end{array}$$

❸ $40 + 9 = 49$
$$\begin{array}{c} 40 \\ + \\ 9 \\ = \\ 49 \end{array}$$

❹ $2 + 37 = 39$
$$\begin{array}{c} 2 \\ + \\ 37 \\ = \\ 39 \end{array}$$

🍀 덧셈을 하세요.

$$\begin{array}{r} 1\ 4 \\ +\ \ \ 4 \\ \hline 1\ 8 \end{array}$$

❶
$$\begin{array}{r} 8\ 3 \\ +\ \ \ 2 \\ \hline 8\ 5 \end{array}$$

❷
$$\begin{array}{r} 7\ 6 \\ +\ \ \ 1 \\ \hline 7\ 7 \end{array}$$

❸
$$\begin{array}{r} 5\ 2 \\ +\ \ \ 6 \\ \hline 5\ 8 \end{array}$$

❹
$$\begin{array}{r} 3\ 5 \\ +\ \ \ 3 \\ \hline 3\ 8 \end{array}$$

❺
$$\begin{array}{r} 2\ 2 \\ +\ \ \ 4 \\ \hline 2\ 6 \end{array}$$

❻
$$\begin{array}{r} 9\ 1 \\ +\ \ \ 5 \\ \hline 9\ 6 \end{array}$$

❼
$$\begin{array}{r} 6\ 1 \\ +\ \ \ 7 \\ \hline 6\ 8 \end{array}$$

❽
$$\begin{array}{r} 4\ 4 \\ +\ \ \ 5 \\ \hline 4\ 9 \end{array}$$

❾
$$\begin{array}{r} 8\ 4 \\ +\ \ \ 3 \\ \hline 8\ 7 \end{array}$$

공부한 날
월
일

305 □가 있는 더하기

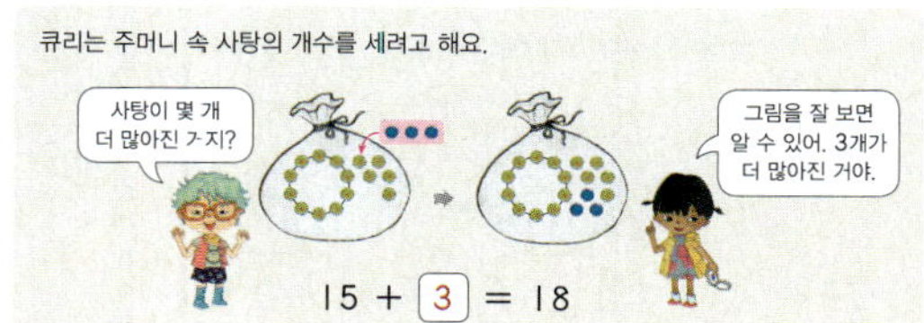

🍀 그림을 보고 □ 안에 알맞은 수를 쓰세요.

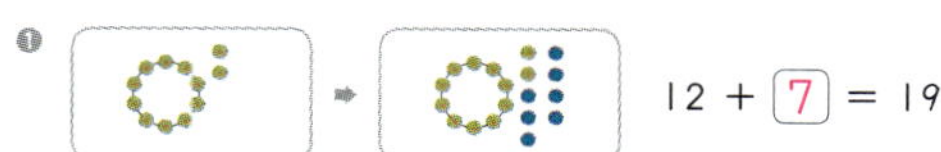
❶ 12 + 7 = 19

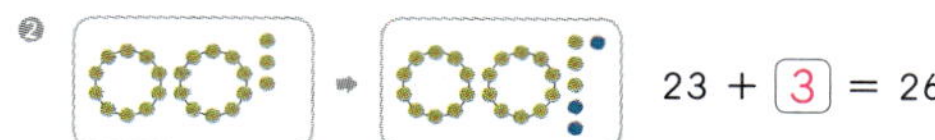
❷ 23 + 3 = 26

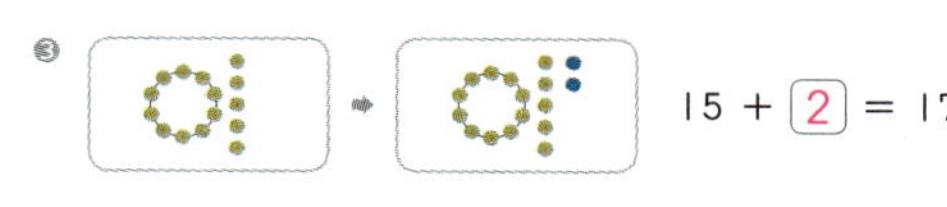
❸ 15 + 2 = 17

🍀 더하는 수만큼 ○를 그리고, □ 안에 알맞은 수를 쓰세요.

❶ 22 + 7 = 29

❷ 11 + 3 = 14

❸ 13 + 5 = 18

❹ 31 + 5 = 36

티나는 처음 수를 구하려고 해요.

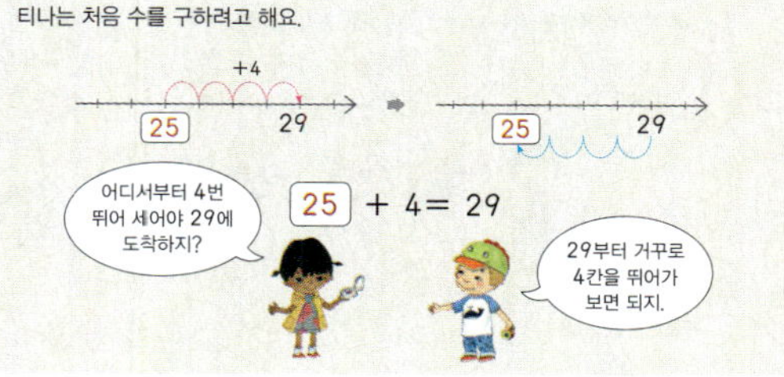

🍀 수직선을 보고 거꾸로 뛰어서 □ 안에 알맞은 수를 쓰세요.

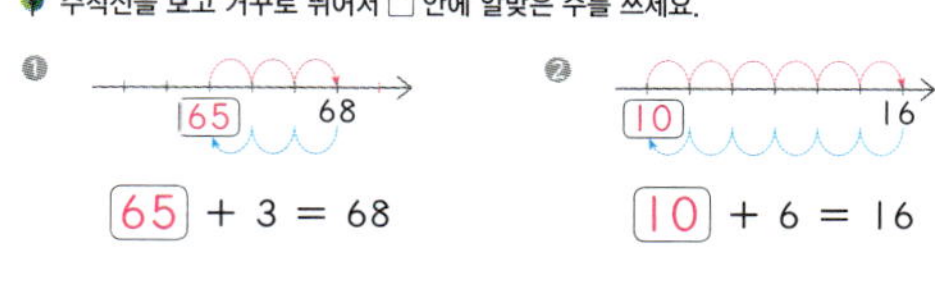
❶ 65 + 3 = 68   ❷ 10 + 6 = 16

❸ 57 + 2 = 59   ❹ 72 + 5 = 77

🍀 거꾸로 뛰어 세어 □ 안에 알맞은 수를 쓰세요.

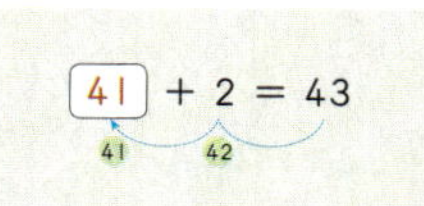

❶ 31 + 3 = 34   ❷ 80 + 1 = 81

❸ 52 + 6 = 58   ❹ 15 + 4 = 19

❺ 65 + 2 = 67   ❻ 72 + 5 = 77

❼ 44 + 1 = 45   ❽ 91 + 3 = 94

❾ 82 + 7 = 89   ❿ 52 + 2 = 54

공부한 날
월
일

306 받아올림이 없는 덧셈 연습

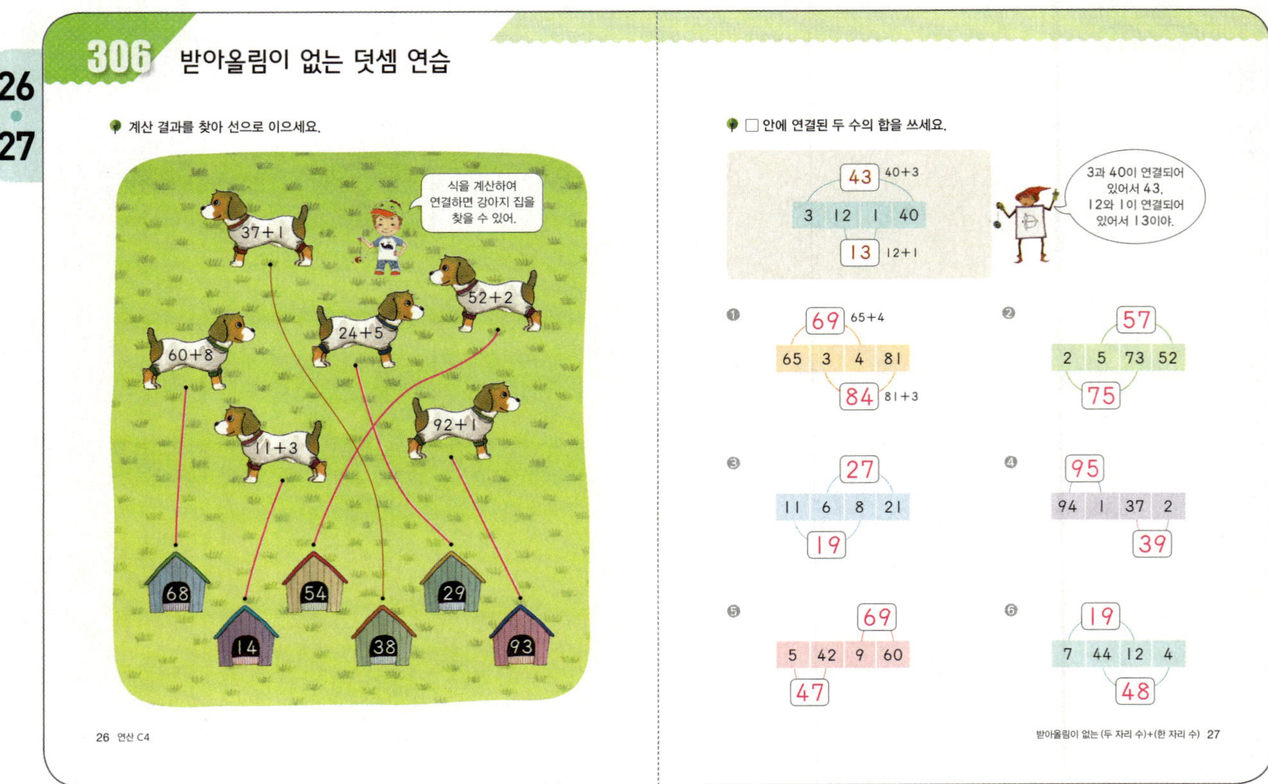

무엇을 배웠을까요

▲ 그림을 보고 덧셈을 하세요.

① 20 + 4 = 24

② 40 + 7 = 47

③ 26 + 2 = 28

④ 54 + 5 = 59

▲ 수직선을 보고 덧셈을 하세요.

⑤ +4 63 67
63 + 4 = 67

⑥ +6 42 48
42 + 6 = 48

▲ 그림을 보고 □ 안에 알맞은 수를 쓰세요.

⑦ 23 + 4 = 27

⑧ 15 + 3 = 18

▲ 수직선을 보고 거꾸로 뛰어서 □ 안에 알맞은 수를 쓰세요.

⑨ 56 58
56 + 2 = 58

⑩ 73 78
73 + 5 = 78

▲ □ 안에 연결된 두 수의 합을 쓰세요.

⑪ 69
42 5 60 9
47

⑫ 56
44 7 12 4
11

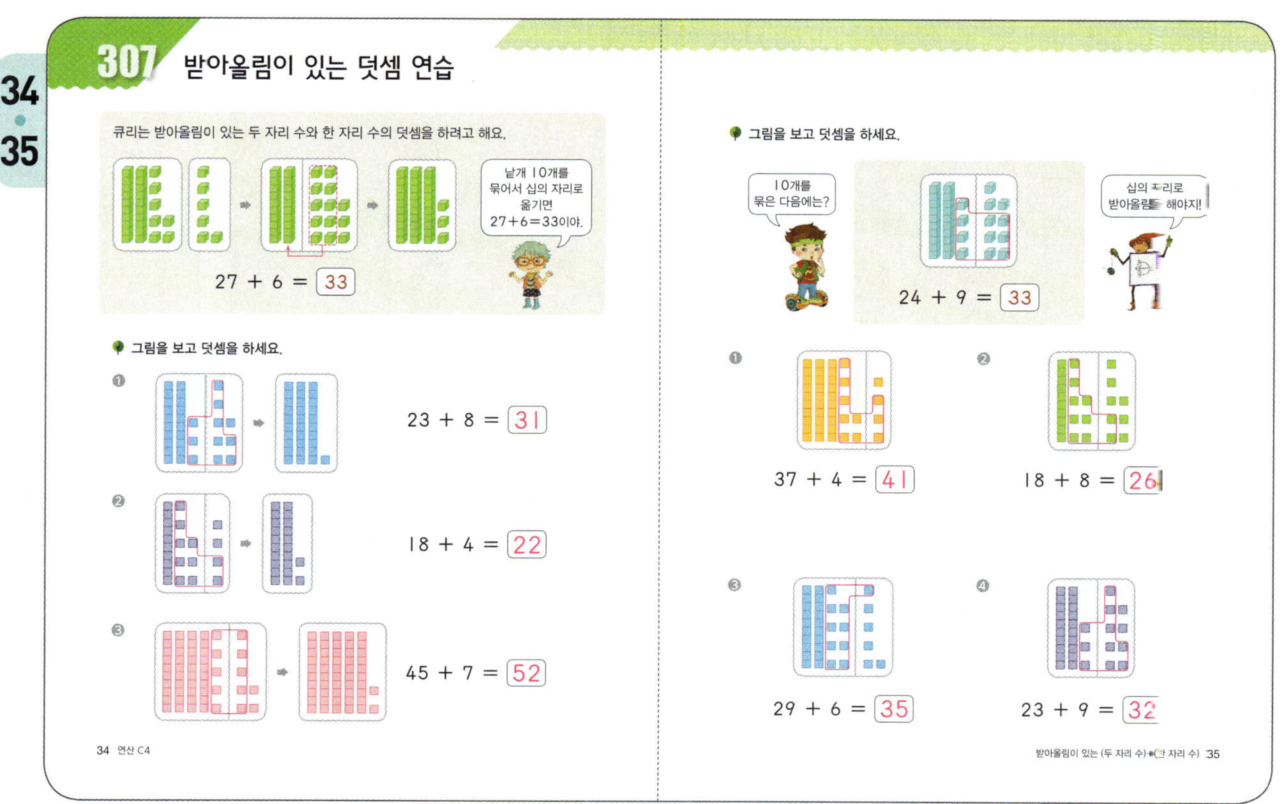

307 받아올림이 있는 덧셈 연습

36 · 37

현우는 39에서 8칸 뛰어 세기를 해요.

$39 + 8 = 47$

🌱 수직선을 보고 □ 안에 알맞은 수를 쓰세요.

❶ $+7$ 14 ... 21
$14 + 7 = 21$

❷ $+2$ 49 51
$49 + 2 = 51$

❸ $+5$ 77 82
$77 + 5 = 82$

❹ $+8$ 26 34
$26 + 8 = 34$

❺ $+4$ 58 62
$58 + 4 = 62$

❻ $+6$ 87 93
$87 + 6 = 93$

🌱 뛰어 세어 덧셈을 하세요.

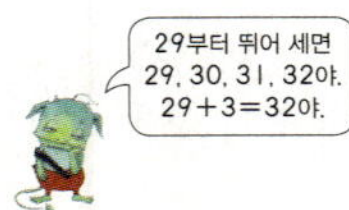

$29 + 3 = 32$

❶ $55 + 8 = 63$ ❷ $17 + 5 = 22$

❸ $46 + 6 = 52$ ❹ $69 + 4 = 73$

❺ $79 + 1 = 80$ ❻ $87 + 6 = 93$

❼ $24 + 7 = 31$ ❽ $42 + 9 = 51$

❾ $38 + 3 = 41$ ❿ $55 + 8 = 63$

공부한 날
월
일

---

38 · 39

308 세로셈으로 더하기

티나는 받아올림이 있는 세로셈 계산 방법을 알아보려고 해요.

```
  ¹         ¹
  2 5       2 5       2 5
+   7     +   7     +   7
─────     ─────     ─────
    2       3 2       3 2
  5+7       1+2
```


🌱 세로셈의 계산 방법에 따라 □ 안에 알맞은 수를 쓰세요.

❶
```
  ¹         ¹
  1 9       1 9       1 9
+   6     +   6     +   6
─────     ─────     ─────
    5       2 5       2 5
```

❷
```
  ¹         ¹
  3 4       3 4       3 4
+   8     +   8     +   8
─────     ─────     ─────
    2       4 2       4 2
```


🌱 □ 안에 알맞은 수를 쓰세요.

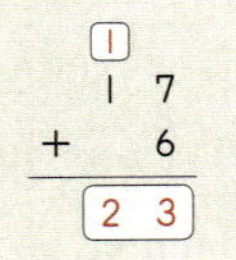

```
  ¹
  1 7
+   6
─────
  2 3
```

❶
```
  ¹
  4 8
+   3
─────
  5 1
```

❷
```
  ¹
  2 2
+   9
─────
  3 1
```

❸
```
  ¹
  7 9
+   4
─────
  8 3
```

❹
```
  ¹
  6 4
+   7
─────
  7 1
```

❺
```
  ¹
  3 5
+   8
─────
  4 3
```

❻
```
  ¹
  5 7
+   8
─────
  6 5
```

❼
```
  ¹
  8 5
+   9
─────
  9 4
```

❽
```
  ¹
  4 7
+   3
─────
  5 0
```

❾
```
  ¹
  2 9
+   6
─────
  3 5
```

태돌이는 세로셈을 이용하여 수 모형의 개수를 구하려고 해요.

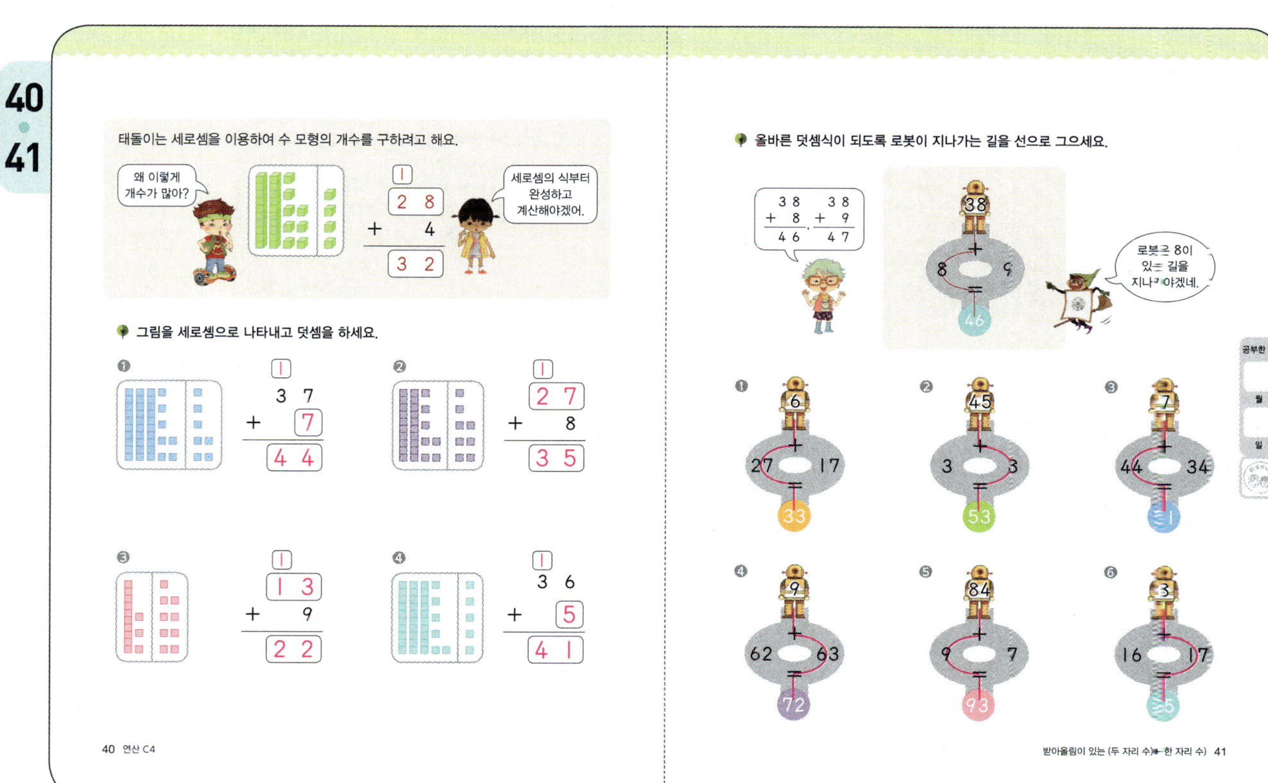

309 □가 있는 더하기

큐리는 거꾸로 뛰어 세어 □ 안에 알맞은 수를 알아보려고 해요.

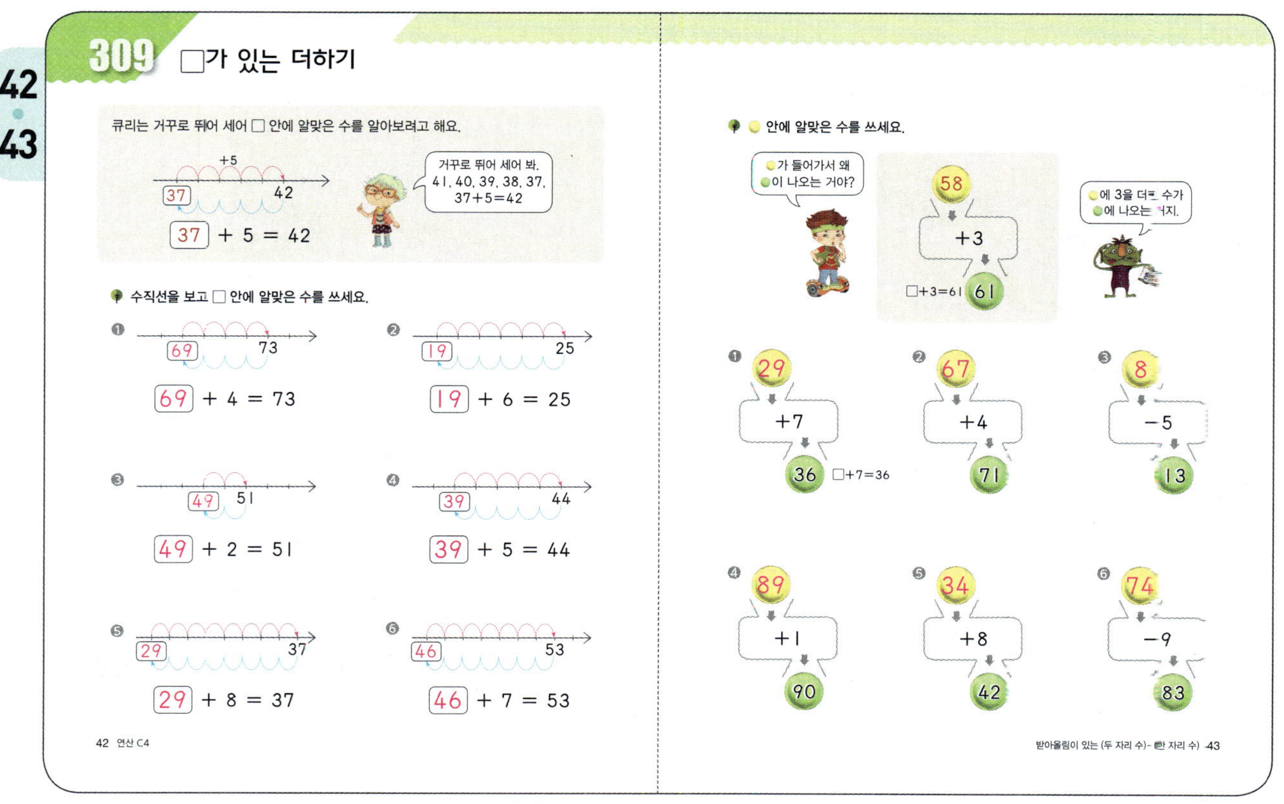

정답 **9**

44 · 45

티나는 종이학을 접고 있어요.

$19 + \boxed{6} = 25$

● 필요한 수만큼 █에 ○을 그리고 □ 안에 알맞은 수를 쓰세요.

❶

$24 + \boxed{9} = 33$

❷

$29 + \boxed{8} = 37$

❸

$19 + \boxed{7} = 26$

● 두 수의 합이 ● 안의 수가 되도록 □ 안에 알맞은 수를 쓰세요.

46 5 51
7
53 46+□=53
46+□=51

❶
58 6 64
3 58+□=64
61
58+□=61

❷
14 8 22
9 14+□=22
23
14+□=23

❸
85 8 93
5 85+□=93
90
85+□=90

❹
79 9 88
4 79+□=88
83
79+□=83

46 · 47

310 재미있는 계산 연습

자동차가 지나가야 할 길을 알아보려고 해요.

$17 + \frac{6}{8} = 25$ 17+8

● 올바른 덧셈식이 되도록 자동차가 지나가는 길을 선으로 나타내세요.

❶ $38 + \frac{3}{5} = 41$

❷ $65 + \frac{7}{9} = 72$

❸ $49 + \frac{2}{4} = 53$

❹ $76 + \frac{9}{8} = 84$

❺ $87 + \frac{5}{4} = 92$

❻ $24 + \frac{6}{8} = 30$

● 계산 결과가 쓰인 풍선을 찾아 선으로 이으세요.

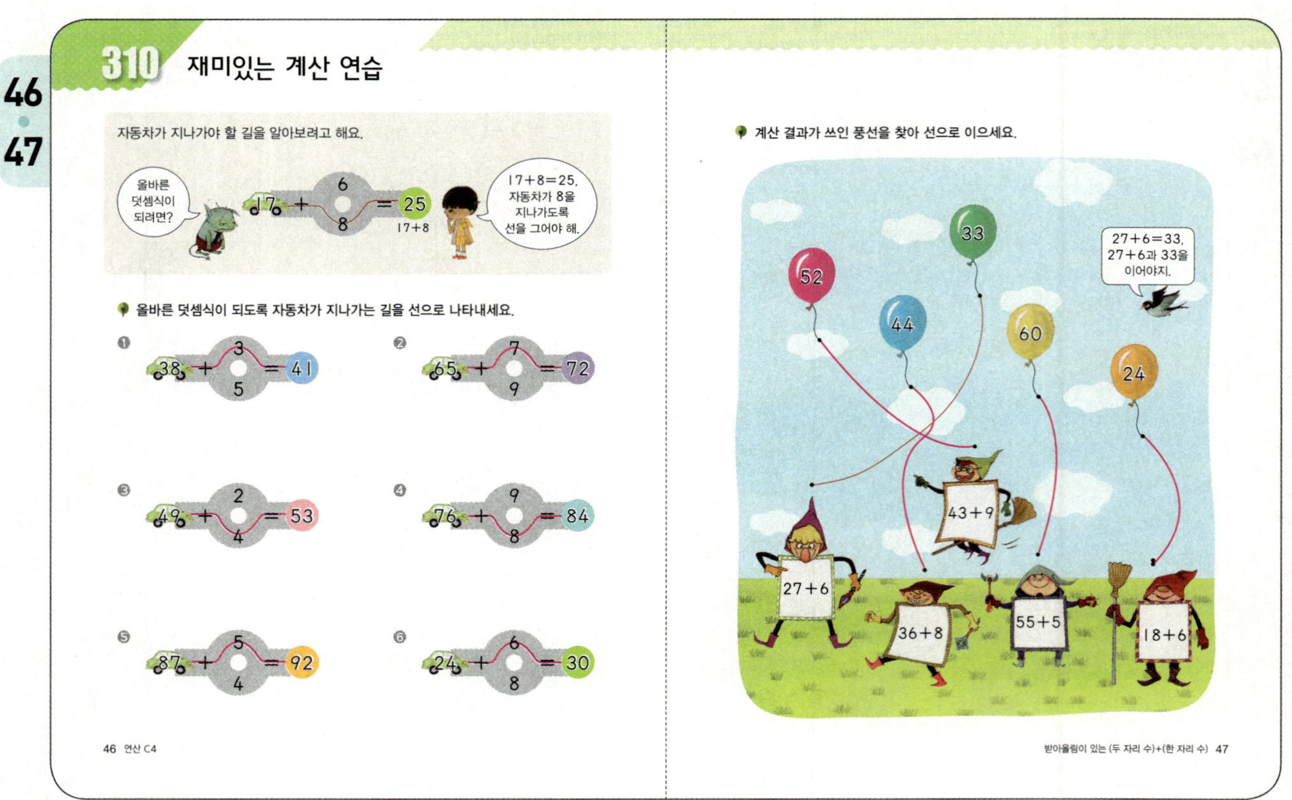

계산 결과가 같은 것끼리 선으로 이으세요.

사다리 타기를 하여 덧셈을 하세요.

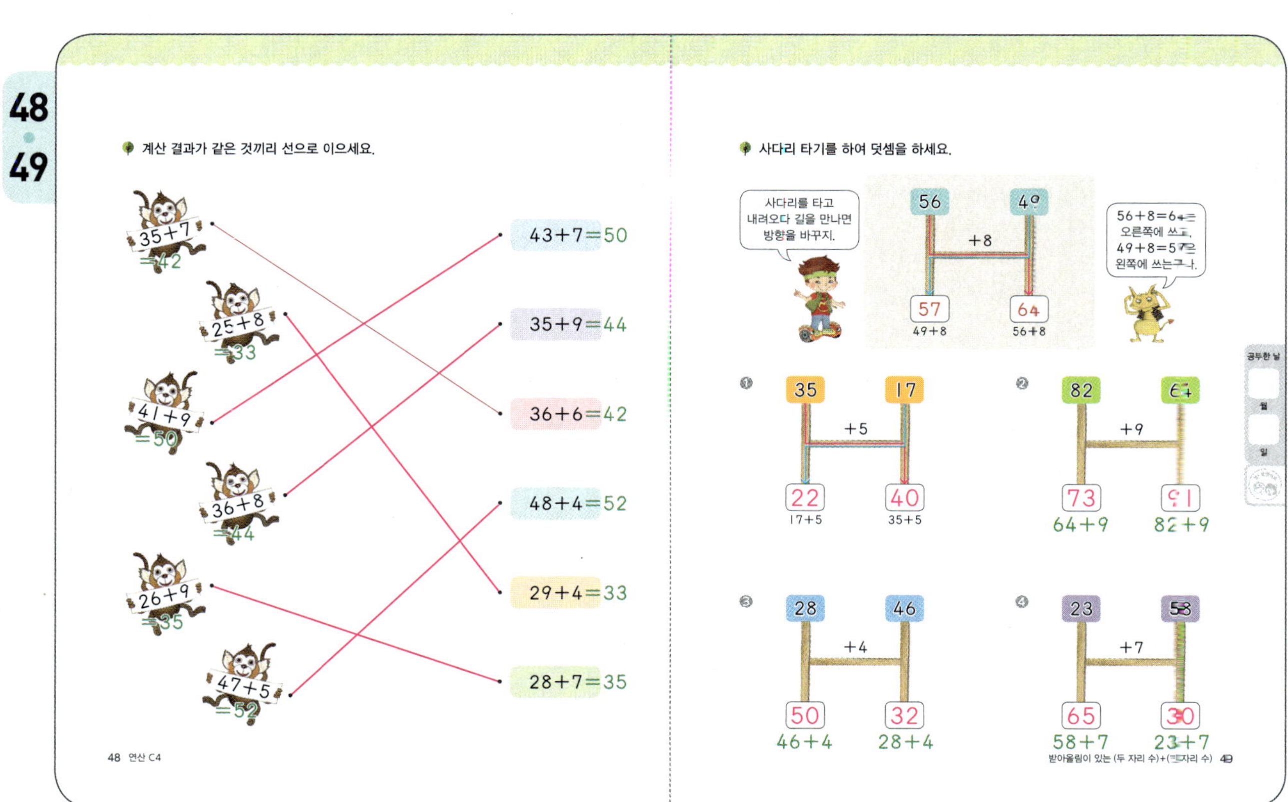

무엇을 배웠을까요

그림을 보고 덧셈을 하세요.

에 알맞은 수를 쓰세요.

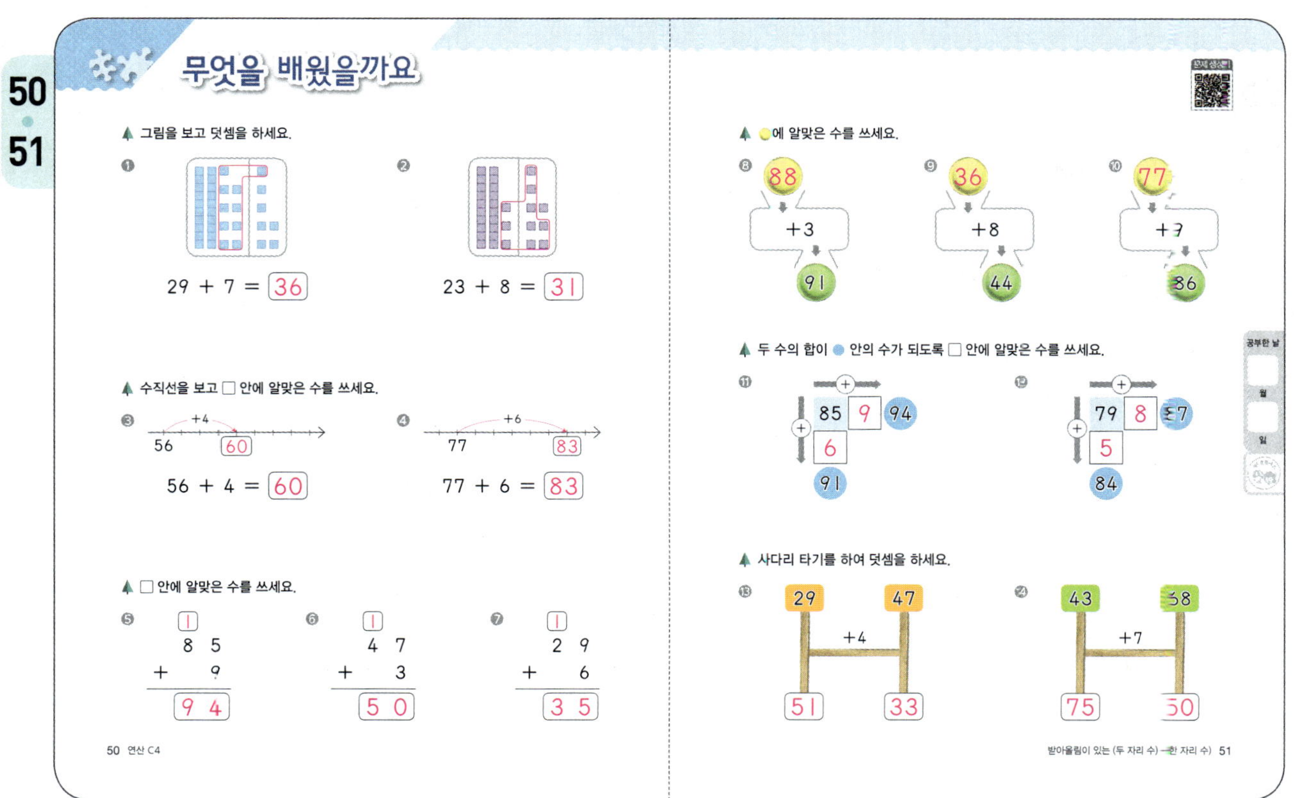

311 더하기 10

54 · 55

큐리는 수 배열표를 사용하여 더하기 10을 하려고 해요.

31	32	33	34	35	36	37	38	39	40
41	42	43	44	45	46	47	48	49	50
51	52	53	54	55	56	57	58	59	60
61	62	63	64	65	66	67	68	69	70
71	72	73	74	75	76	77	78	79	80
81	82	83	84	85	86	87	88	89	90
91	92	93	94	95	96	97	98	99	100

$31 + 10 = \boxed{41}$

$45 + 10 = \boxed{55}$

위의 수 배열표를 보고 더하기 10을 하세요.

① $59 + 10 = \boxed{69}$ ② $63 + 10 = \boxed{73}$

③ $71 + 10 = \boxed{81}$ ④ $80 + 10 = \boxed{90}$

⑤ $84 + 10 = \boxed{94}$ ⑥ $87 + 10 = \boxed{97}$

□ 안에 알맞은 수를 쓰세요.

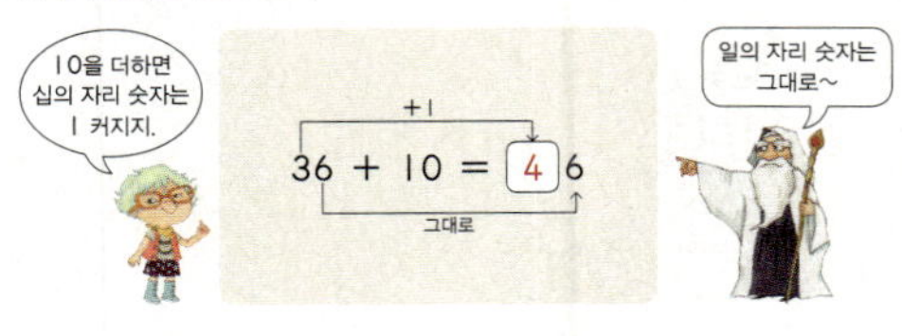

① $13 + 10 = \boxed{2}3$ ② $52 + 10 = 6\boxed{2}$

③ $87 + 10 = \boxed{9}7$ ④ $61 + 10 = 7\boxed{1}$

⑤ $44 + 10 = \boxed{5}4$ ⑥ $75 + 10 = 8\boxed{5}$

⑦ $28 + 10 = \boxed{3}8$ ⑧ $30 + 10 = 4\boxed{0}$

---

56 · 57

티나는 사탕의 수를 알아보려고 해요.

그림을 보고 □ 안에 알맞은 수를 쓰세요.

① 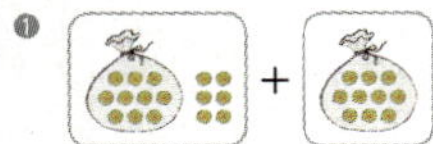 $16 + 10 = \boxed{26}$

②  $34 + 10 = \boxed{44}$

③  $28 + 10 = \boxed{38}$

□ 안에 알맞은 수를 쓰세요.

① 68 +10 = $\boxed{78}$

② 35 +10 = $\boxed{45}$

③ 41 +10 = $\boxed{51}$

④ 56 +10 = $\boxed{66}$

312 10 만들어 계산하기

현우가 티나의 공깃돌을 가져갔어요.

$15 + 8 = 23$ → $13 + 10 = 23$

🌱 그림을 보고 덧셈을 하세요.

❶ $14 + 8 = 22$

❷ $16 + 9 = 25$

❸ $23 + 9 = 32$

❹ $25 + 8 = 33$

🌱 한 자리 수를 10으로 만들어 □ 안에 알맞은 수를 쓰세요.

$34 + 8 = 32 + 10 = 42$

❶ $45 + 9 = 44 + 10 = 54$

❷ $24 + 7 = 21 + 10 = 31$

❸ $52 + 8 = 50 + 10 = 60$

❹ $33 + 9 = 32 + 10 = 42$

❺ $16 + 8 = 14 + 10 = 24$

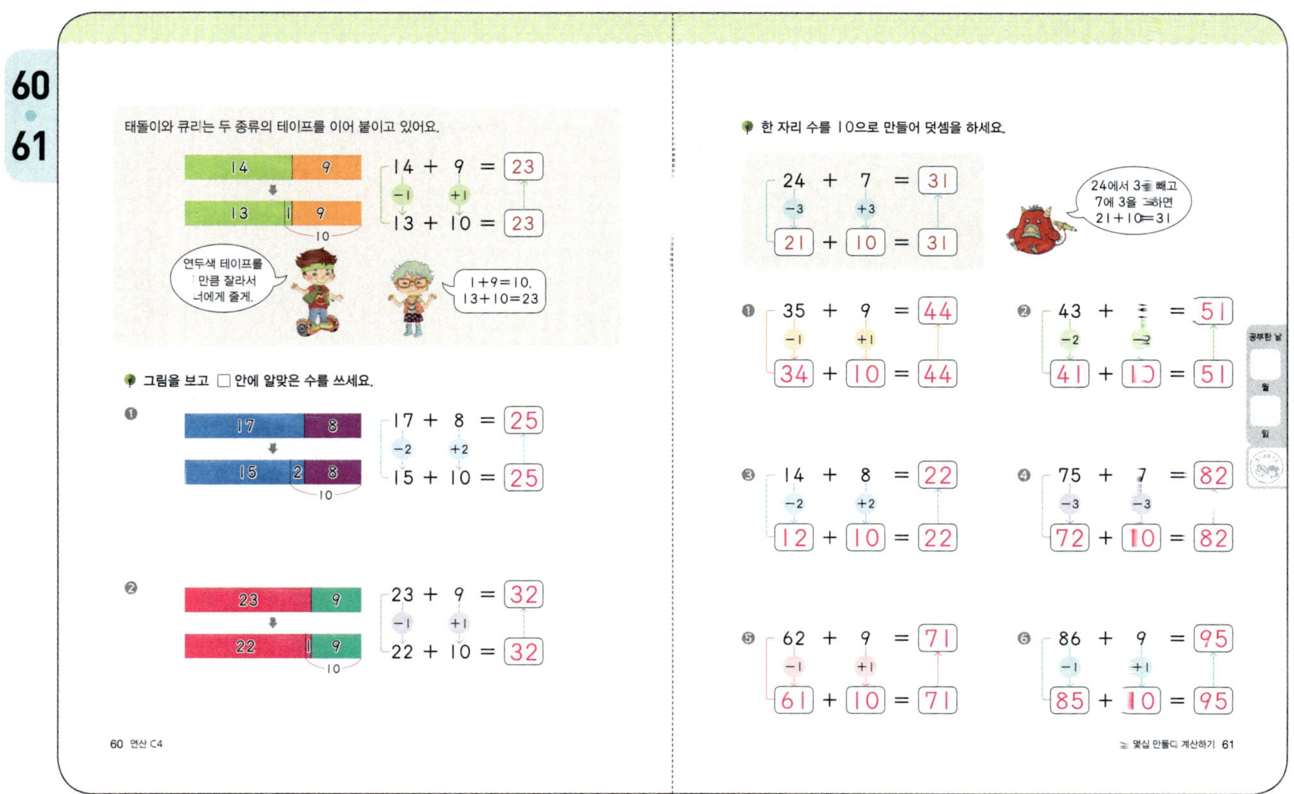

태돌이와 큐리는 두 종류의 테이프를 이어 붙이고 있어요.

$14 + 9 = 23$
$13 + 10 = 23$

🌱 그림을 보고 □ 안에 알맞은 수를 쓰세요.

❶ $17 + 8 = 25$
$15 + 10 = 25$

❷ $23 + 9 = 32$
$22 + 10 = 32$

🌱 한 자리 수를 10으로 만들어 덧셈을 하세요.

$24 + 7 = 31$
$21 + 10 = 31$

❶ $35 + 9 = 44$
$34 + 10 = 44$

❷ $43 + 8 = 51$
$41 + 10 = 51$

❸ $14 + 8 = 22$
$12 + 10 = 22$

❹ $75 + 7 = 82$
$72 + 10 = 82$

❺ $62 + 9 = 71$
$61 + 10 = 71$

❻ $86 + 9 = 95$
$85 + 10 = 95$

정답 13

62 · 63

313 몇십 만들어 계산하기

티나네 암탉이 달걀을 낳았어요.

$$19 + 6 = \boxed{25}$$
$$_{+1} \quad _{-1}$$
$$20 + 5$$

🌱 그림을 보고 □안에 알맞은 수를 쓰세요.

❶ 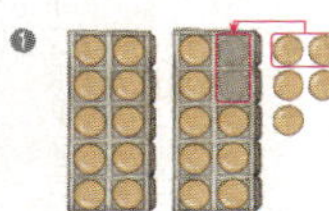

$$18 + 5 = \boxed{23}$$
$$_{+2} \quad _{-2}$$
$$20 + 3$$

❷ 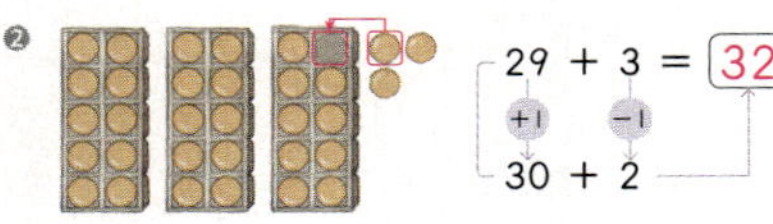

$$29 + 3 = \boxed{32}$$
$$_{+1} \quad _{-1}$$
$$30 + 2$$

🌱 두 자리 수를 몇십으로 만들어 덧셈을 하세요.

$$18 + 3 = \boxed{21}$$
$$_{+2} \quad _{-2}$$
$$\boxed{20} + \boxed{1}$$

❶ $29 + 5 = \boxed{34}$
$_{+1} \quad _{-1}$
$\boxed{30} + \boxed{4}$

❷ $58 + 6 = \boxed{64}$
$_{+2} \quad _{-2}$
$\boxed{60} + \boxed{4}$

❸ $77 + 4 = \boxed{81}$
$_{+3} \quad _{-3}$
$\boxed{80} + \boxed{1}$

❹ $89 + 2 = \boxed{91}$
$_{+1} \quad _{-1}$
$\boxed{90} + \boxed{1}$

❺ $68 + 4 = \boxed{72}$
$_{+2} \quad _{-2}$
$\boxed{70} + \boxed{2}$

❻ $49 + 4 = \boxed{53}$
$_{+1} \quad _{-1}$
$\boxed{50} + \boxed{3}$

---

64 · 65

현우는 구슬을 더 넣은 다음 주머니 속 구슬의 수를 구하려고 해요.

$$28 + 3 = \boxed{30} + \boxed{1} = \boxed{31}$$

🌱 두 자리 수를 몇십으로 만들어 덧셈을 하세요.

❶ 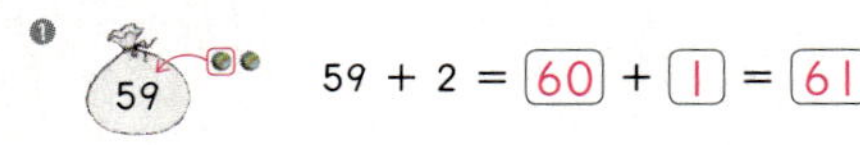 $59 + 2 = \boxed{60} + \boxed{1} = \boxed{61}$

❷ $47 + 5 = \boxed{50} + \boxed{2} = \boxed{52}$

❸ $38 + 6 = \boxed{40} + \boxed{4} = \boxed{44}$

🌱 두 자리 수를 몇십으로 만들어 덧셈을 하세요.

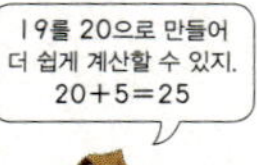

$$19 + 6 = \boxed{20} + \boxed{5} = 25$$
$$_{+1} \quad _{-1}$$

❶ $29 + 7 = \boxed{30} + \boxed{6} = \boxed{36}$

❷ $18 + 3 = \boxed{20} + \boxed{1} = \boxed{21}$

❸ $37 + 6 = \boxed{40} + \boxed{3} = \boxed{43}$

❹ $26 + 5 = \boxed{30} + \boxed{1} = \boxed{31}$

❺ $47 + 7 = \boxed{50} + \boxed{4} = \boxed{54}$

❻ $28 + 5 = \boxed{30} + \boxed{3} = \boxed{33}$

314 십, 몇십 만들어 계산하기

태돌이는 수 모형의 수를 구하고 있어요.

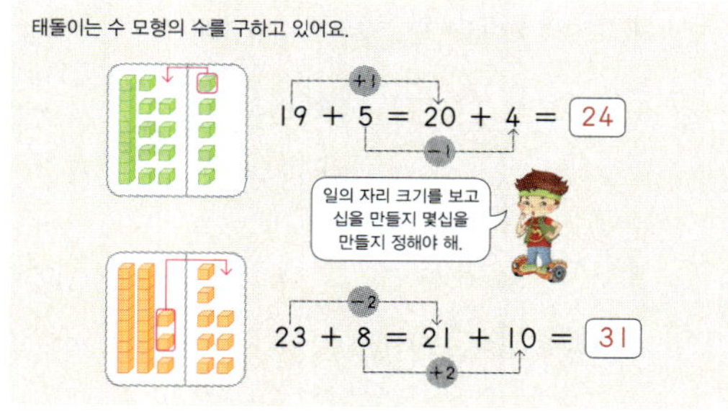

$19 + 5 = 20 + 4 = \boxed{24}$

일의 자리 크기를 보고 십을 만들지 몇십을 만들지 정해야 해.

$23 + 8 = 21 + 10 = \boxed{31}$

그림을 보고 십 또는 몇십을 만들어 덧셈을 하세요.

❶ 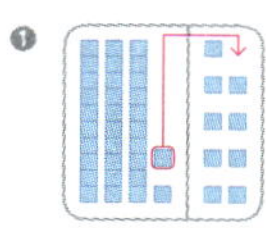 $32 + 9 = \boxed{31} + \boxed{10} = \boxed{41}$

❷ 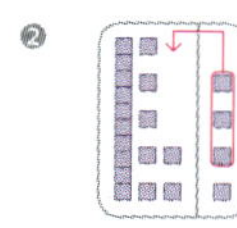 $17 + 4 = \boxed{20} + \boxed{1} = \boxed{21}$

관계있는 것끼리 선으로 이으세요.

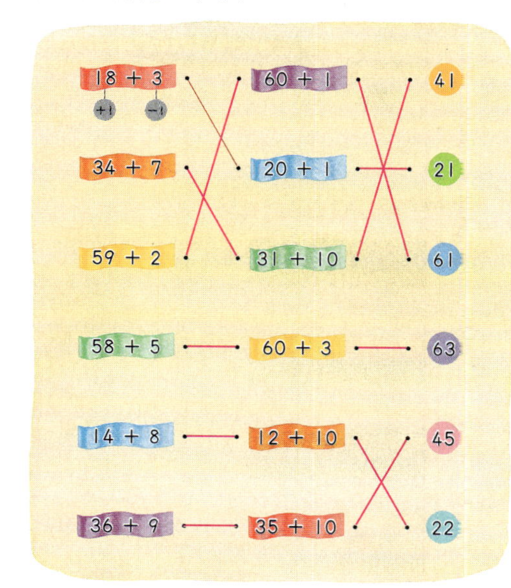

태돌이와 큐리는 가르기와 모으기를 하여 덧셈을 하려고 해요.

$45 + 8 = \boxed{53}$
$\boxed{43} + \boxed{2} + 8$
$43 + 10 = \boxed{53}$

45를 가르기 하라고?

모으기를 하여 8을 10으로 만들려면 45를 43과 2로 가르기 해야 해.

가르기와 모으기를 하여 ☐ 안에 알맞은 수를 쓰세요.

❶ $53 + 9 = \boxed{62}$
$\boxed{52} + \boxed{1} + 9$
$52 + 10 = \boxed{62}$

❷ $27 + 4 = \boxed{31}$
$27 + \boxed{3} + \boxed{1}$
$30 + 1 = \boxed{31}$

❸ $74 + 8 = \boxed{82}$
$\boxed{72} + \boxed{2} + 8$
$72 + 10 = \boxed{82}$

❹ $89 + 3 = \boxed{92}$
$89 + \boxed{1} + \boxed{2}$
$90 + 2 = \boxed{92}$

가르기를 하여 ☐ 안에 알맞은 수를 쓰세요.

$83 + 8 = \boxed{91}$
$\boxed{8}\ \boxed{1}\ \boxed{2}$

$39 + 4 = \boxed{43}$
$\boxed{1}\ \boxed{3}$

십이나 몇십을 만들 수 있도록 수를 가르기 하는 거야.

가르기를 잘 해야 하는구나.

❶ $55 + 7 = \boxed{62}$
$\boxed{5}\ \boxed{2}\ \boxed{3}$

❷ $68 + 3 = \boxed{71}$
$\boxed{2}\ \boxed{1}$

❸ $46 + 9 = \boxed{55}$
$\boxed{4}\ \boxed{5}\ \boxed{1}$

❹ $17 + 5 = \boxed{22}$
$\boxed{3}\ \boxed{2}$

❺ $24 + 8 = \boxed{32}$
$\boxed{2}\ \boxed{2}\ \boxed{2}$

❻ $79 + 5 = \boxed{34}$
$\boxed{1}\ \boxed{4}$

❼ $82 + 9 = \boxed{91}$
$\boxed{8}\ \boxed{1}\ \boxed{1}$

❽ $38 + 4 = \boxed{42}$
$\boxed{2}\ \boxed{2}$

공부한 날
월
일

정답 15

70
71

315 십, 몇십 만들어 덧셈 연습하기

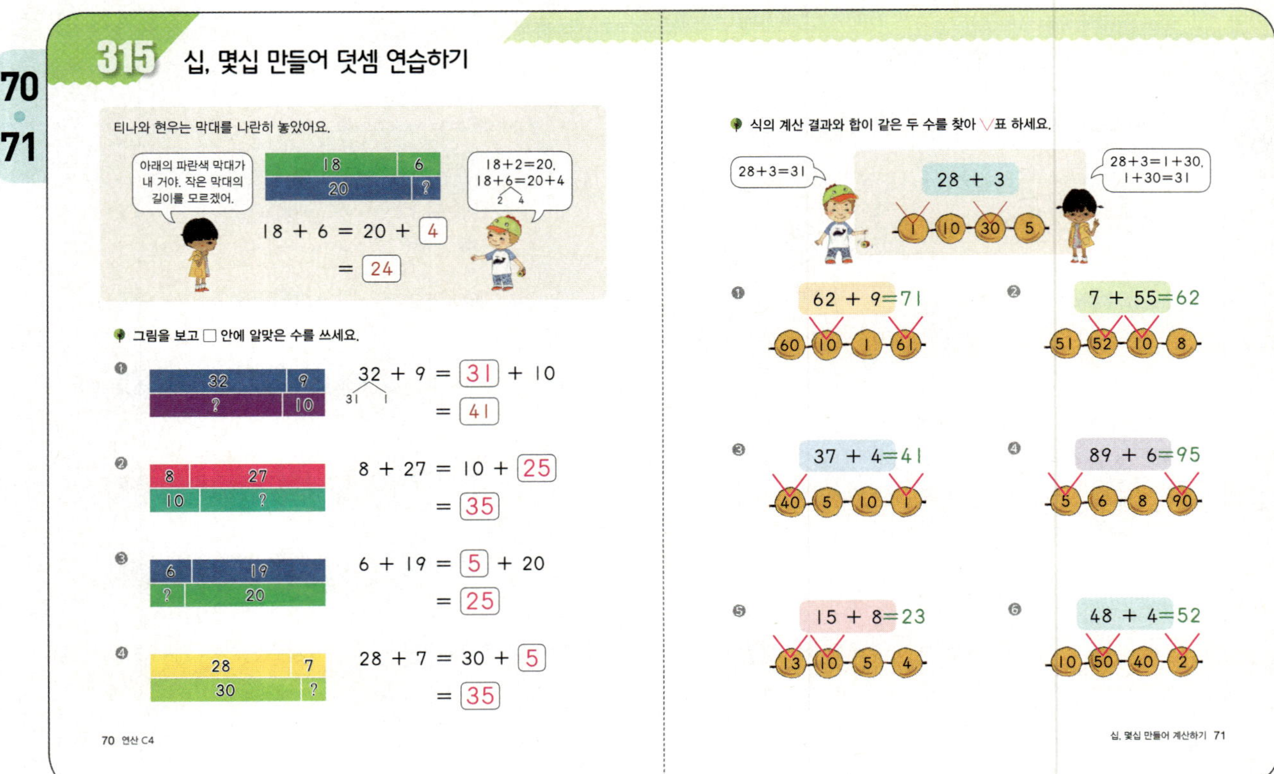

72
73

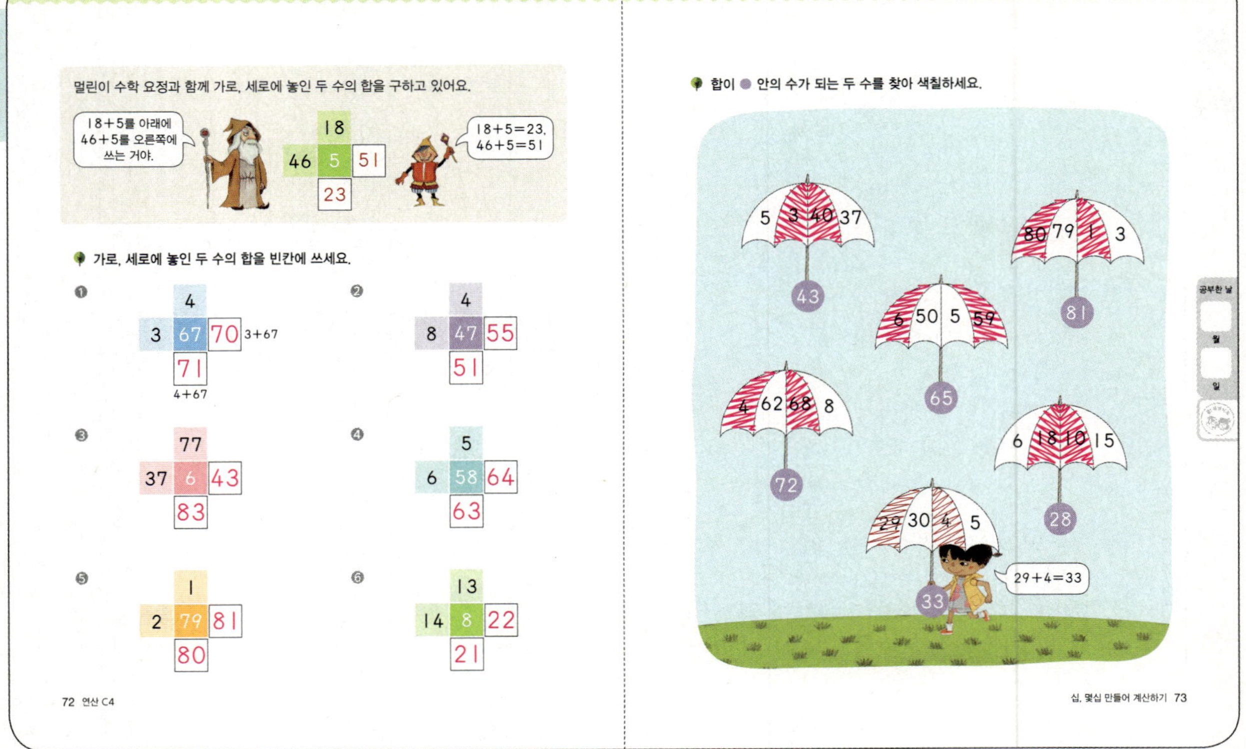

무엇을 배웠을까요

♠ 그림을 보고 □ 안에 알맞은 수를 쓰세요.

① 27 + 10 = [37]

② 36 + 10 = [46]

♠ 한 자리 수를 10으로 만들어 □ 안에 알맞은 수를 쓰세요.

③ 62 + 8 = [60] + 10 = [70]

④ 53 + 9 = [52] + 10 = [62]

♠ 한 자리 수를 10으로 만들어 덧셈을 하세요.

⑤ 52 + 9 = [61]
  −1   +1
  [51] + [10]

⑥ 76 + 9 = [85]
  −1   +1
  [75] + [10]

♠ 두 자리 수를 몇십으로 만들어 덧셈을 하세요.

⑦ 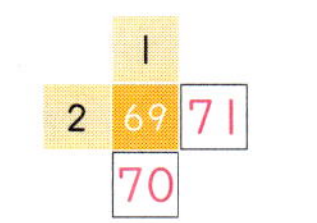 27 + 5 = [30] + [2] = [32]

⑧ 58 + 6 = [60] + [4] = [64]

♠ 가르기와 모으기를 하여 □ 안에 알맞은 수를 쓰세요.

⑨ 64 + 8 = [72]
  [62]+[2]+8
  62 + 10 = [72]

⑩ 79 + 3 = [82]
  79+[1]+[2]
  80 + 2 = [82]

♠ 가로, 세로에 놓인 두 수의 합을 빈칸에 쓰세요.

⑪
	1	
2	69	71
	70	

⑫
	23	
16	9	2[5]
	32	

316 일의 자리 판단하기

태돌이와 큐리는 두 수의 합과 10의 크기를 비교하려고 해요.

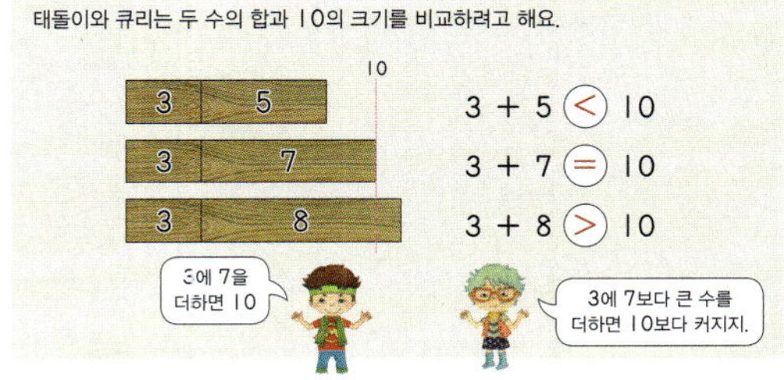

● ○ 안에 > 또는 <를 알맞게 쓰세요.

① 6 4
  6 + 4 = 10
  6 + 8 (>) 10
  6 + 5 (>) 10

② 8 2
  8 + 2 = 10
  8 + 1 (<) 10
  8 + 3 (>) 10

③ 7 3
  7 + 3 = 10
  7 + 9 (>) 10
  7 + 2 (<) 10

● 계산 결과가 10보다 크면, 10보다 작으면 에 ○표 하세요.

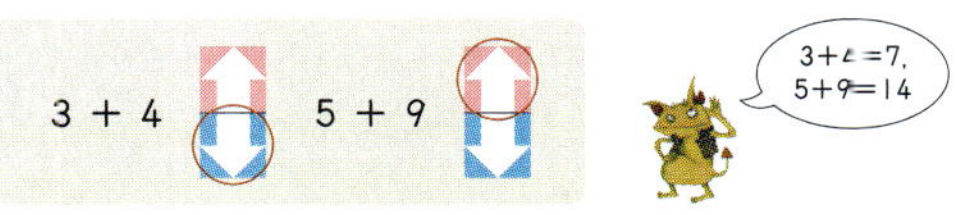

3 + 4   5 + 9

① 8 + 8

② 5 + 7

③ 7 + 2

④ 1 + 6

⑤ 6 + 5

⑥ 3 + 2

⑦ 4 + 5

⑧ 9 + 4

80 81

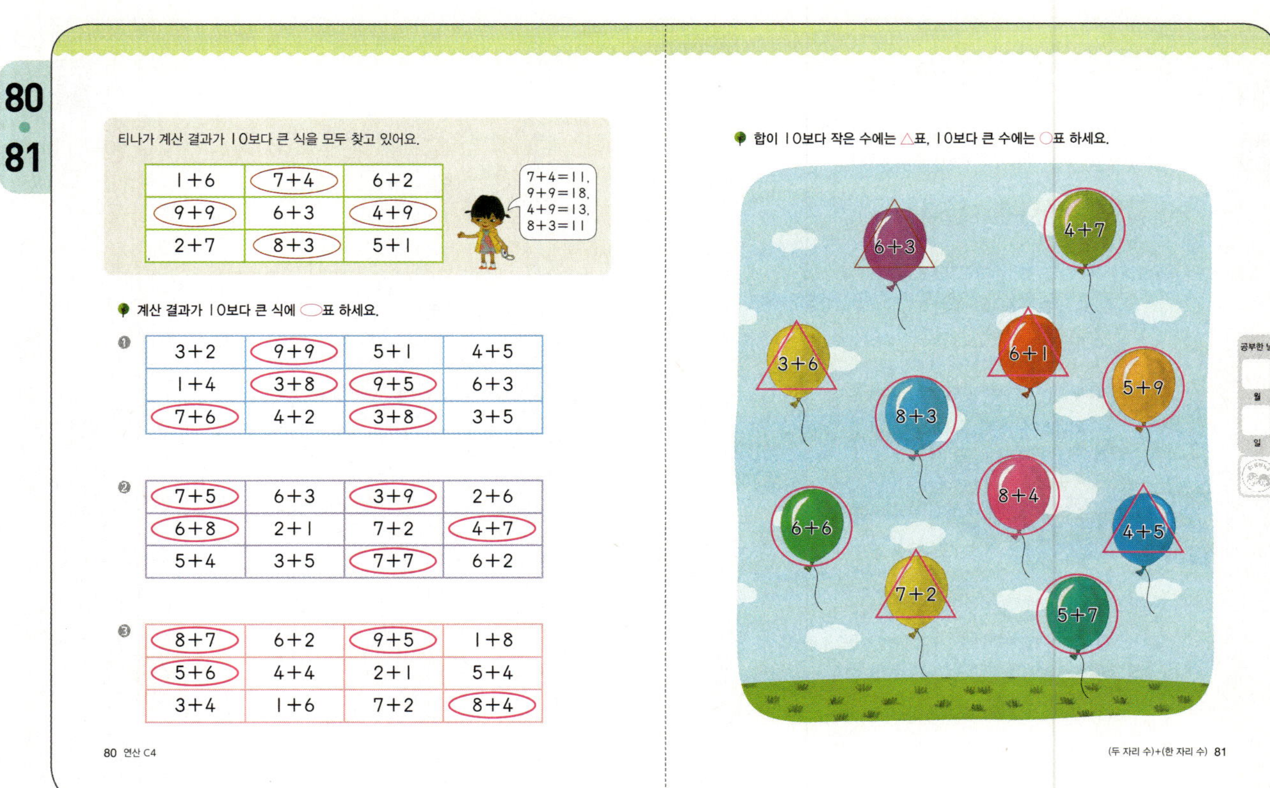

82 83

317 머릿셈 하기

태돌이는 일의 자리의 합과 10을 비교하여 덧셈을 하려고 해요.

🌱 □ 안에 알맞은 수를 쓰세요.

❶ $3 + 5 < 10$

$13 + 5 = 18$ $43 + 5 = 48$
$63 + 5 = 68$ $83 + 5 = 88$

❷ $7 + 4 > 10$

$27 + 4 = 31$ $37 + 4 = 41$
$57 + 4 = 61$ $87 + 4 = 91$

🌱 머릿셈으로 덧셈을 하세요.

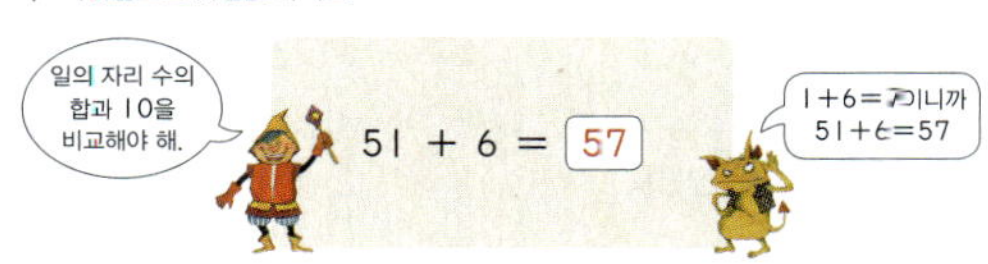

❶ $38 + 5 = 43$ ❷ $16 + 7 = 23$

❸ $90 + 2 = 92$ ❹ $45 + 8 = 53$

❺ $87 + 4 = 91$ ❻ $63 + 1 = 64$

❼ $29 + 3 = 32$ ❽ $52 + 9 = 61$

❾ $78 + 6 = 84$ ❿ $34 + 5 = 39$

---

318 덧셈식에서 지워진 수 찾기

애벌레가 덧셈식이 적힌 잎사귀를 먹어 버렸어요.

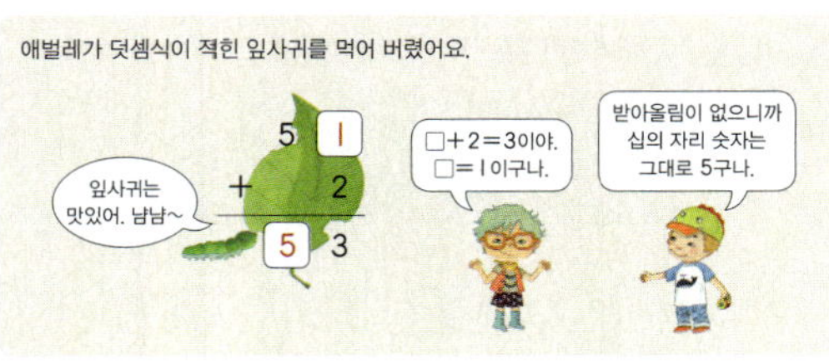

🌱 일의 자리부터 차례로 생각하여 □ 안에 알맞은 수를 쓰세요.

❶
$\begin{array}{r} 3\ \boxed{4} \\ +\ \ 1 \\ \hline \boxed{?}\ 5 \end{array}$ →
$\begin{array}{r} 3\ \boxed{4} \\ +\ \ 1 \\ \hline \boxed{3}\ 5 \end{array}$
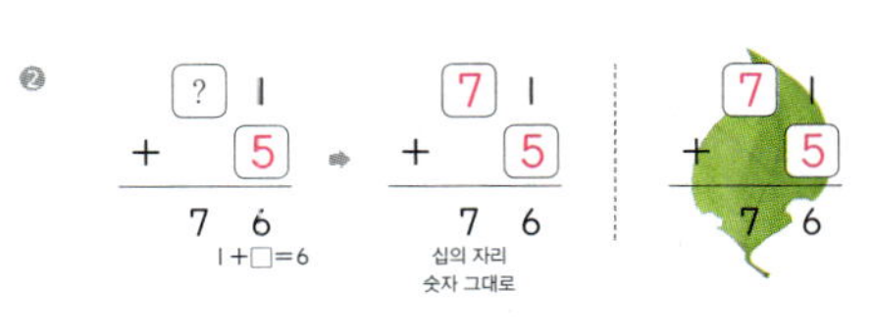

□+1=5

십의 자리 숫자 그대로

❷
$\begin{array}{r} \boxed{?}\ 1 \\ +\ \boxed{5} \\ \hline 7\ 6 \end{array}$ →
$\begin{array}{r} \boxed{7}\ 1 \\ +\ \boxed{5} \\ \hline 7\ 6 \end{array}$

1+□=6

십의 자리 숫자 그대로

🌱 덧셈식을 완성하는 데 사용할 숫자 카드에 모두 ◯표 하고 □ 안에 알맞은 수를 쓰세요.

❶
5 3 8 7 → ③ ⑨ 2 ①
$\begin{array}{r} \boxed{2}\ 5 \\ +\ \boxed{1} \\ \hline 2\ 6 \end{array}$

❷ ① 3 2 ⑨
$\begin{array}{r} 1\ \boxed{3} \\ +\ \ 3 \\ \hline \boxed{1}\ 6 \end{array}$

❸ ⑤ 4 ⑦ 6
$\begin{array}{r} \boxed{7}\ 4 \\ +\ \boxed{5} \\ \hline 7\ 9 \end{array}$

❹ 4 ⑦ ③ ③
$\begin{array}{r} 3\ \boxed{3} \\ +\ \ 6 \\ \hline \boxed{3}\ 9 \end{array}$

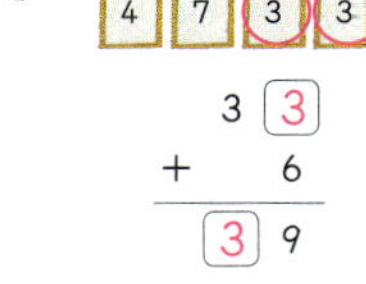

88 · 89

태돌이와 티나는 지워진 수를 찾고 있어요.

지워진 수를 찾아 □ 안에 알맞은 수를 쓰세요.

① 7 + 4 = 11
7 7
+ 4
8 1

② 6 + 5 = 11
1 6
+ 5
2 1

③ 9 + 7 = 16
4 9
+ 7
5 6

④ 8 + 9 = 17
3 8
+ 9
4 7

88 연산 C4

지워진 수를 찾아 □ 안에 알맞은 수를 쓰세요.

① 6 7
+ 8
7 5
7+□=15, □=8

② 3 4
+ 6
4 0
□+6=10, □=4

③ 1 7
+ 6
2 3
7+□=13, □=6

④ 8 2
+ 9
9 1
□+9=11, □=2

⑤ 5 8
+ 5
6 3
8+□=13, □=5

⑥ 4 6
+ 5
5 1
□+5=11, □=6

⑦ 8 9
+ 9
9 8
9+□=18, □=9

⑧ 7 8
+ 4
8 2
□+4=12, □=8

⑨ 6 7
+ 3
7 0
□+3=10, □=7

(두 자리 수)+(한 자리 수) 89

공부한 날
월
일

90 · 91

319 재미있는 덧셈 연습

현우는 과녁에서 화살로 맞힐 곳을 찾고 있어요.

계산 결과를 찾아 ○표 하세요.

① 63+9 → 72 71 73

② 37+4 → 31 41 42

③ 55+3 → 58 68 57

④ 86+7 → 94 95 93

⑤ 48+8 → 54 56 66

⑥ 74+7 → 81 71 73

90 연산 C4

계산 결과를 찾아 길을 따라 선으로 그으세요.

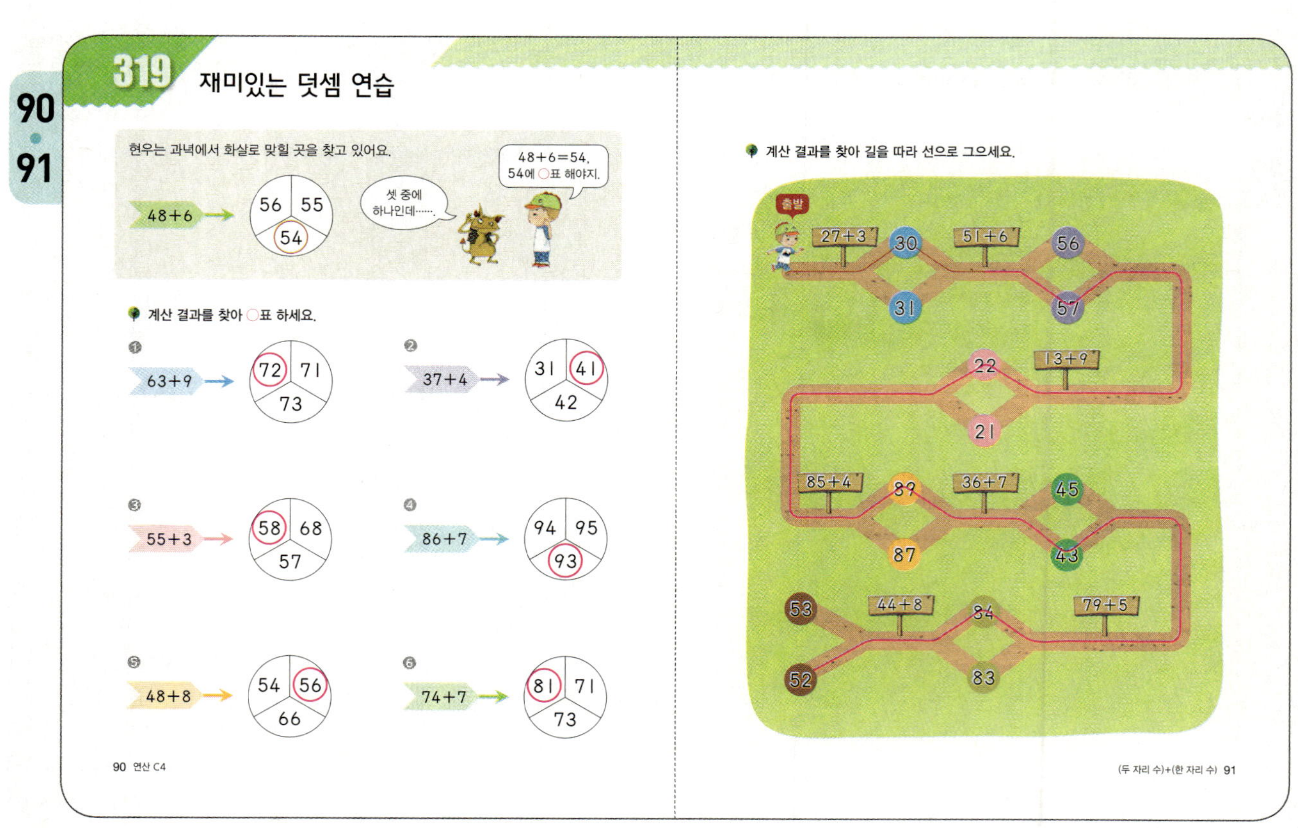

(두 자리 수)+(한 자리 수) 91

태돌이는 가로, 세로에 놓인 두 수의 합을 구하려고 해요.

🍀 가로, 세로에 놓인 두 수의 합을 ○ 안에 쓰세요.

①
94 9+85
85 6 91 85+6
52+9 61 9 52
58 6+52

②
33
26 1 27
50 7 43
44

③
45
41 2 43
94 4 90
92

④
67
59 7 66
42 8 34
41

🍀 덧셈식이 완성되도록 빈칸에 알맞은 수를 쓰세요.

11 + 7 = 18
+   +
9   5
=   =
20 + 3 = 23

①
18 + 5 = 23
+   +
3   6
=   =
21 + 8 = 29

②
46 + 3 = 49
+   +
2   7
=   =
48 + 8 = 56

③ 16 + 7 = 23 ➡ 23 + 8 = 31

④ 25 + 9 = 34 ➡ 34 + 7 = 41

320 (두 자리 수)+(한 자리 수)

티나와 현우는 두 수의 합을 구하려고 해요.

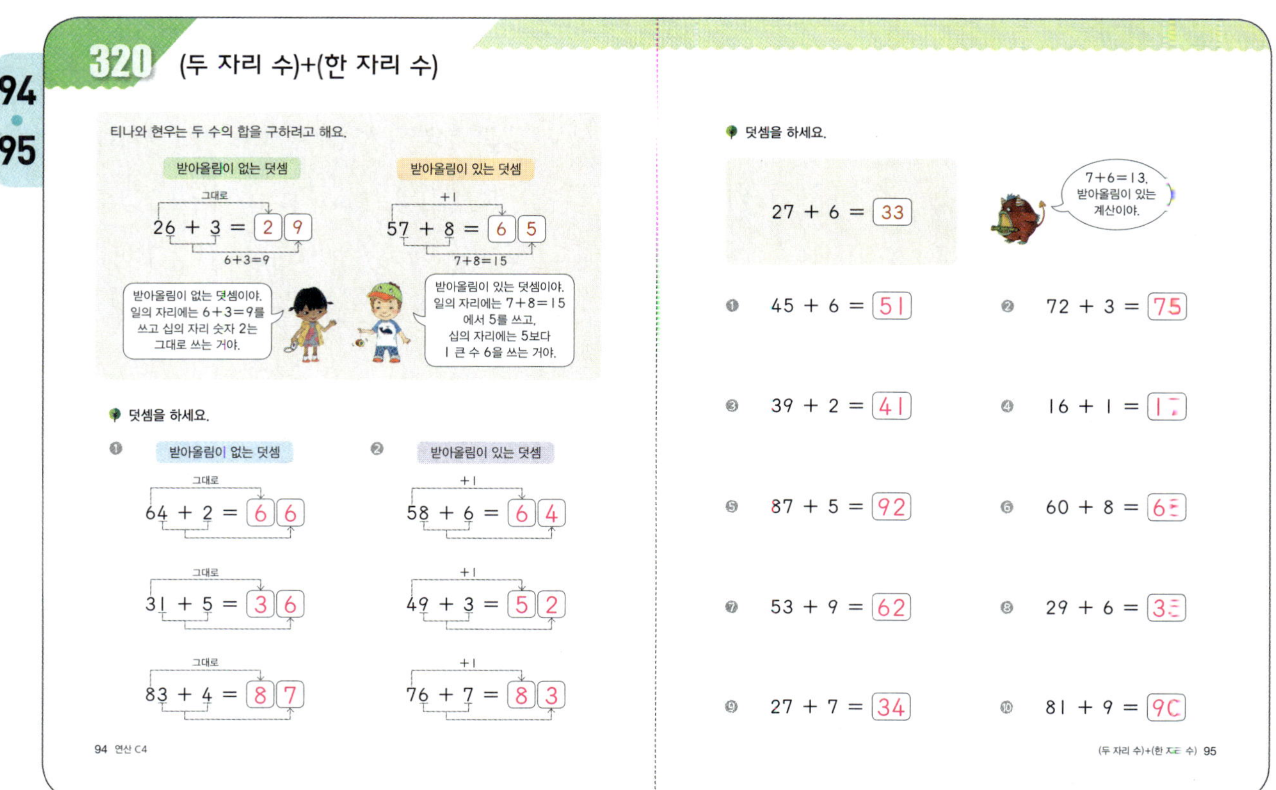

🍀 덧셈을 하세요.

① 받아올림이 없는 덧셈
그대로
64 + 2 = 6 6

그대로
31 + 5 = 3 6

그대로
83 + 4 = 8 7

② 받아올림이 있는 덧셈
+1
58 + 6 = 6 4

+1
49 + 3 = 5 2

+1
76 + 7 = 8 3

🍀 덧셈을 하세요.

27 + 6 = 33

① 45 + 6 = 51   ② 72 + 3 = 75

③ 39 + 2 = 41   ④ 16 + 1 = 17

⑤ 87 + 5 = 92   ⑥ 60 + 8 = 68

⑦ 53 + 9 = 62   ⑧ 29 + 6 = 35

⑨ 27 + 7 = 34   ⑩ 81 + 9 = 90

96 / 97

태돌이와 현우는 세로셈으로 두 수의 합을 구하려고 해요.

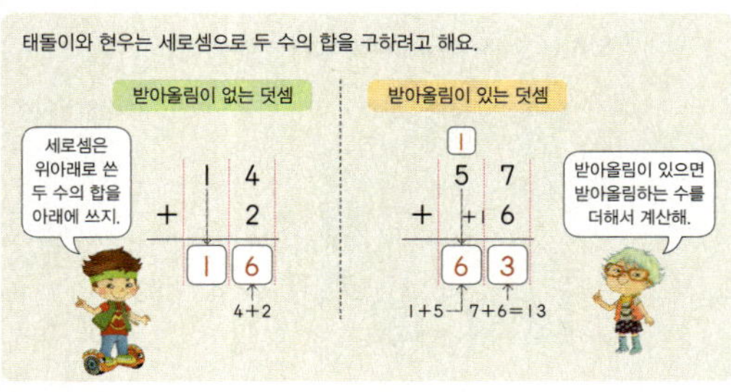

● 세로셈 계산을 하여 □ 안에 알맞은 수를 쓰세요.

받아올림이 없는 덧셈 / 받아올림이 있는 덧셈

①
```
    3 5
+     3
    3 8
```
②
```
    1
    4 8
+     7
    5 5
```
③
```
    6 1
+     4
    6 5
```
④
```
    1
    5 9
+     5
    6 4
```


● 덧셈을 하세요.

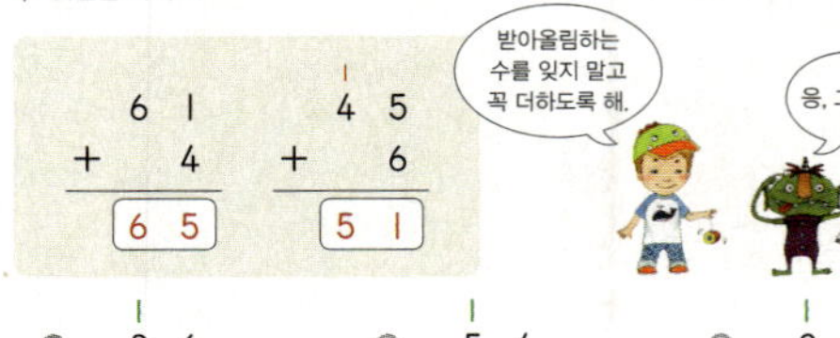


```
    1
  6 1        4 5
+   4      +   6
  6 5        5 1
```

①
```
    1
    8 6
+     5
    9 1
```
②
```
    1
    5 4
+     8
    6 2
```
③
```
    1
    3 9
+     2
    4 1
```

④
```
    9 1
+     4
    9 5
```
⑤
```
    1
    2 8
+     8
    3 6
```
⑥
```
    4 7
+     3
    5 0
```

⑦
```
    1
    7 6
+     9
    8 5
```
⑧
```
    1
    2 8
+     8
    3 6
```
⑨
```
    1
    4 8
+     7
    5 5
```


---

98 / 99

무엇을 배웠을까요

▲ 계산 결과가 10보다 크면 ⬆, 10보다 작으면 ⬇에 ○표 하세요.

① $2 + 7$ ⬇

② $8 + 3$ ⬆

▲ 머릿셈으로 덧셈을 하세요.

③ $49 + 3 = \boxed{52}$ ④ $54 + 9 = \boxed{63}$

⑤ $75 + 6 = \boxed{81}$ ⑥ $64 + 5 = \boxed{69}$

▲ 일의 자리부터 차례로 생각하여 □ 안에 알맞은 수를 쓰세요.

⑦
```
    5 2
+     2
    5 4
```
⑧
```
    6 3
+     6
    6 9
```

▲ 덧셈식을 완성하는 데 사용할 숫자 카드에 모두 ○표 하고 □ 안에 알맞은 수를 쓰세요.

⑨ 5 7 8 6
```
    8 4
+     5
    8 9
```

⑩ 5 7 3 4
```
    5 3
+     6
    5 9
```

▲ 지워진 수를 찾아 □ 안에 알맞은 수를 쓰세요.

⑪

```
    6 8
+     7
    7 5
```
⑫

```
    5 7
+     9
    6 6
```

▲ 계산을 하세요.

⑬
```
    7 6
+     9
    8 5
```
⑭
```
    2 8
+     8
    3 6
```
⑮
```
    4 7
+     6
    5 3
```

받아올림이 없는 (두 자리 수)+(한 자리 수)
관련 쪽수: 6~31쪽

✛ 덧셈을 하세요.

❶ 23 + 4 = 27 ❷ 41 + 4 = 45

❸ 72 + 5 = 77 ❹ 63 + 3 = 66

❺ 97 + 2 = 99 ❻ 85 + 4 = 89

❼
```
   4 5
 +   3
-----
   4 8
```
❽
```
   2 5
 +   4
-----
   2 9
```
❾
```
   9 1
 +   8
-----
   9 9
```

❿
```
   6 7
 +   1
-----
   6 8
```
⓫
```
   4 2
 +   5
-----
   4 7
```
⓬
```
   8 3
 +   4
-----
   8 7
```

✛ 거꾸로 뛰어 세어 □ 안에 알맞은 수를 쓰세요.

⓭ 54 + 3 = 57 ⓮ 70 + 1 = 71

⓯ 62 + 6 = 68 ⓰ 12 + 4 = 16

⓱ 31 + 2 = 33 ⓲ 43 + 5 = 48

⓳ 54 + 1 = 55 ⓴ 82 + 3 = 85

㉑ 91 + 7 = 98 ㉒ 41 + 2 = 43

㉓ 60 + 1 = 61 ㉔ 86 + 3 = 89

받아올림이 있는 (두 자리 수)+(한 자리 수)
관련 쪽수: 34~51쪽

✛ 덧셈을 하세요.

❶ 44 + 8 = 52 ❷ 26 + 5 = 31

❸ 57 + 6 = 63 ❹ 68 + 4 = 72

❺ 89 + 1 = 90 ❻ 78 + 6 = 84

✛ □ 안에 알맞은 수를 쓰세요.

❼
```
 1
   5 5
 +   7
-----
   6 2
```
❽
```
 1
   3 9
 +   6
-----
   4 5
```
❾
```
 1
   5 8
 +   7
-----
   6 5
```

❿
```
 1
   8 2
 +   9
-----
   9 1
```
⓫
```
 1
   6 7
 +   3
-----
   7 0
```
⓬
```
 1
   7 9
 +   6
-----
   8 5
```

✛ 거꾸로 뛰어 세어 □ 안에 알맞은 수를 쓰세요.

⓭ 58 + 5 = 63 ⓮ 39 + 6 = 45

⓯ 69 + 2 = 71 ⓰ 79 + 9 = 88

⓱ 39 + 9 = 48 ⓲ 27 + 7 = 34

⓳ 46 + 7 = 53 ⓴ 38 + 8 = 46

㉑ 78 + 5 = 83 ㉒ 63 + 8 = 71

㉓ 59 + 9 = 68 ㉔ 88 + 8 = 96

106 · 107

십, 몇십 만들어 계산하기
관련 쪽수: 54~75쪽

✛ 한 자리 수를 10으로 만들어 덧셈을 하세요.

❶ 43 + 9 = 42 + 10 = 52

❷ 33 + 8 = 31 + 10 = 41

❸ 54 + 8 = 52 + 10 = 62

❹ 76 + 7 = 73 + 10 = 83

✛ 두 자리 수를 몇십으로 만들어 덧셈을 하세요.

❺ 48 + 4 = 50 + 2 = 52

❻ 88 + 5 = 90 + 3 = 93

❼ 69 + 9 = 70 + 8 = 78

❽ 77 + 6 = 80 + 3 = 83

✛ 가르기를 하여 □ 안에 알맞은 수를 쓰세요.

❾ 65 + 7 = 72 (62 3)

❿ 59 + 3 = 62 (1 2)

⓫ 47 + 9 = 56 (46 1)

⓬ 28 + 5 = 33 (2 3)

⓭ 35 + 8 = 43 (33 2)

⓮ 69 + 5 = 74 (1 4)

⓯ 72 + 9 = 81 (71 1)

⓰ 49 + 4 = 53 (1 3)

⓱ 63 + 9 = 72 (62 1)

⓲ 57 + 6 = 63 (3 3)

108

(두 자리 수)+(한 자리 수)
관련 쪽수: 78~99쪽

✛ 머릿셈을 하여 □ 안에 알맞은 수를 쓰세요.

❶ 29 + 5 = 34

❷ 35 + 9 = 44

❸ 87 + 5 = 92

❹ 64 + 8 = 72

❺ 68 + 4 = 72

❻ 57 + 8 = 65

✛ 지워진 수를 찾아 □ 안에 알맞은 수를 쓰세요.

❼
```
  5 1
+   3
─────
  5 4
```

❽
```
  6 5
+   2
─────
  6 7
```

❾
```
  2 7
+   9
─────
  3 6
```

❿
```
  7 3
+   9
─────
  8 2
```

⓫
```
  7 8
+   8
─────
  8 6
```

⓬
```
  8 8
+   5
─────
  9 3
```